El Espejo

"ÁMATE TAL COMO ERES"

Guía para embellecer
tu ser, tu fe y tu mundo.

SHEILA MORATAYA

*Para mi querida Sandra:
espero encuentres algo que
te ayude.
                Sheila*

Libros *que inspiran*

Copyright © 2016 Sheila Morataya

All rights reserved.

ISBN-13:
978-1537181608

ISBN-10:
1537181602

DEDICATORIA

Este libro es para mi mamá. Una mujer que fue abusada y maltratada en su niñez y que fue sometida a un gran sufrimiento siendo adulta. Es el mejor espejo, en el que pude comprobar que *sólo la gracia de Dios* sana. Mi mamá es la mujer más feliz y luminosa que hay en el mundo.

A todas esas mujeres que han pasado por mi vida y me han confiado su corazón. Han sido los mejores espejos para mí y la comprensión que pueda tener de la misericordia. Son las mujeres más admirables.

A mi hermana, mi mejor espejo para aprender lo que el amor silencioso y puro puede hacer para sanar un corazón. Gracias hermanita menor por tu gran amor por mí.

A mis lectoras de años, que me escriben y confían que yo pueda darles un consejo atinado para sus vidas.

De forma muy especial a todos los hombres que han llorado conmigo.

* * *

A todas las mujeres que miran a María,
Madre de Dios, les pido una oración por mí.

CONTENIDO

INTRODUCCIÓN	1

CAPÍTULO 1
Frente al espejo: aprender a mirarse en el espejo	17

CAPÍTULO 2
Conócete: ¿Qué y quién soy?	43
¿Y cómo te conoces a ti mismo?	46
La oración, camino del amor	48

CAPÍTULO 3
Cultiva el autoconocimiento	81

CAPÍTULO 4
Las cuatro puertas para fortalecerte	93
Puerta 1 La identidad: eres tú y no otro	95
Puerta 2 La autoconfianza	109
Crea nuevas conexiones neuronales	111
Puerta 3 Encuentra tus valores	127
Puerta 4 La felicidad	139

CAPÍTULO 5
El bienestar viene de adentro: tú tienes el poder	159

CAPÍTULO 6
Una mirada a la culpa	169

CAPÍTULO 7
Aprendiendo a confiar: da el salto hacia tu destino eterno	187

SHEILA MORATAYA

"El verdadero viaje de descubrimiento no consiste en buscar nuevas tierras, sino en mirar con nuevos ojos".

Marcel Proust

INTRODUCCIÓN
Aprender a mirarse en el espejo

> *"**No me cabe la menor duda** de que la mayoría de las personas viven sea física, intelectual o moralmente, en un círculo muy restringido de la potencialidad de su ser. Solo se valen de una porción muy pequeña de su conciencia posible (...) como si un hombre, de todo su organismo corporal, se habituase a usar y mover sólo el dedo meñique (...) Todos tenemos, para recurrir a ellas [las fuerzas internas], reservas de vida con las que ni siquiera soñamos".*
>
> William James

Escribí este libro pensando en todas esas personas que han pasado por mi oficina en los últimos cuatro años. Escribí este libro también pensando en mí. Lo que pasa que cuando uno de niño es herido y sus necesidades emocionales no son atendidas de inmediato, uno va creciendo con un pobre auto concepto, con unas inseguridades que no entiende de donde vienen y con la certeza de que quizá no es inteligente.

La verdad es que este libro es para todo aquel, mujer u hombre que quiera saber qué significa ser persona, que quiera profundizar en la razón y propósito de su vida y que quiera lograrse de la mejor manera posible.

Es un libro para mujeres exitosas, no tan exitosas y no exitosas. Y lo digo así porque en nuestra sociedad moderna del año 2016 este término es el que se maneja para medir nuestro valor, autoestima y posición que tendremos en la sociedad. Nada más lejos de ello.

Éste es un libro para este tipo de mujeres, pero que aun siendo exitosas en el ámbito profesional todavía se encuentran viviendo con una especie de vacío, de melancolía interior.

No ha llegado a su vida la pareja que les haga feliz o quienes la complementen o al llegar a la cima se ve muy sola. Es un libro también para cualquier tipo de mujer que quiera conocerse, y que de alguna manera se relacione con las historias o puntos que cuento aquí.

Voy a empezar por hablar un poco de mí.

~~~

¿QUIÉN SOY?

Cuando yo tenía 13 años recuerdo que mi padre nos envió con mi hermana a la casa de una señora mucho mayor que yo para que nos enseñaría todo sobre el arte de gustarse a sí mismo.

En un momento dado recuerdo que esta espectacular y bella mujer nos decía que antes de tener éxito en cualquier cosa que quisiéramos, antes de enamorarnos, antes de buscar el cariño de otras personas, *primero teníamos que gustarnos, apreciarnos y amarnos a nosotras mismas.*

Esto me causó una enorme tristeza pues yo había llegado ahí prácticamente siendo lo opuesto a mi mejor amiga. Me acosaba de forma muy frecuente *una jueza interior* que me decía que era tonta, fea, gorda y que por eso nadie me quería o querría estar conmigo.

Tuve unos padres que me amaron mucho, no lo dudo, pero venían de hogares en los que se les había maltratado, habían sufrido heridas a su dignidad y autoestima, y habían formado un hogar con estas heridas todavía abiertas. Por eso crecí en un hogar con mensajes distorsionados sobre el amor, la autoestima y la valía personal.

Al entrar al colegio, yo llegaba convencida de que *"había algo malo en mí"* y esto me llevo a tener una personalidad antisocial, empequeñecida y triste. Nunca pude despuntar como estudiante, ni estar en los deportes del colegio y menos ser popular. Por lo que me concentré en los aspectos de la belleza. La belleza siempre me ha apasionado.

Por ello aprendía todo sobre el maquillaje, jugaba a pintarme el cabello de diferentes colores, ponía atención a vestirme bien y a evitar la *comida para siempre poder estar delgada. Mi lucha contra las libras de más ha estado presente prácticamente toda mi vida. Sin embargo, muchas veces y ahora lo sé, los traumas, el dolor, el maltrato, el abuso, todo esto, se va quedando en el cuerpo y es por ello que muchas personas tienen tanta dificultad con esto. La ciencia ahora ha avanzado mucho en este aspecto.*

Con los años me gradué de Cosmetóloga y estilista, estando muy orgullosa de ello. Mi papá fue muy bueno conmigo y me puso un salón de belleza y una boutique de ropa, pero mi vocación para ayudar a niñas, a mujeres sobre todo seguía ahí y pedía más, así que finalmente conseguí el permiso de mi papá y viajé a los Estados Unidos para estudiar Modelaje Profesional en la famosa escuela Barbizon School of Modeling en Los Ángeles C.A. Fue muy difícil y una de las mayores aventuras de mi vida.

En ese momento yo no tenía una conciencia clara sobre lo que significaba ser persona, no hablaba inglés y no estaba legal en este país por lo que me vi sometida a muchas situaciones desagradables, de peligro y de humillación.

Qué diferente fuera la sociedad si de niños nos enseñaran el significado de haber nacido persona.

Lo único sobre este aspecto que recuerdo es que en la escuela secundaria nos enseñaron esto con la ayuda del estudio de los grandes filósofos que incitaban a la gente a pensar y en los parques desafiaban a sus alumnos a dar respuesta a preguntas que magistralmente desarrollaban, obligándolos así a conocerse.

La exhortación de Sócrates, *"Conócete a ti mismo"*, hoy resuena en mi interior después de haber comprendido el gran significado que esta expresión encierra. Platón recuerda las palabras exactas de su maestro: *"Señores atenienses* –les decía–, *no hay que atender a ninguna de las cosas de ustedes antes que a ustedes mismos"* (*Apología de Sócrates*).

Esto quiere decir que antes que querer enamorarse, encontrar una pareja, tener hijos, lograr ser querido por muchos, uno tiene que verdaderamente conocerse a uno mismo y amarse.

La verdad es que en mis años de estilista, maquillista y maestra de modelos, pues estuve dos años en Los Ángeles para lograr esta meta de graduarme como Modelo Profesional y luego viaje a mi país y abrí mi empresa, por cierto con mucho éxito, el mundo veía en mí a una mujer muy joven y atractiva que lo estaba logrando todo.

Me había vuelto famosa y además ayudaba a muchas niñas y mujeres a lograr seguridad en sí mismas, y superar muchas cosas. Las empresas también me contrataban para educar a los hombres en los aspectos de proyección y seguridad personal, trato con los clientes y combinación de colores y prendas. No tienes una idea cómo me gustaba hacer estas cosas.

Sin embargo, yo hacía muy bien todo esto, funcionaba muy bien encima de una pasarela y frente a las cámaras, pero por dentro me sentía *poco inteligente,* en una constante guerra hacia mi cuerpo y vivía deprimida.

No estaba feliz con mi vida. Este sentimiento de no estar feliz venía asociado a la soledad profunda que había en mí y que yo pensaba que era porque me acercaba a los treinta y estaba sola, sin un compañero y sin hijos pues a esa edad ya muchas de mis amigas se habían casado y tenían hijos.

Yo, aunque famosa, carecía de un círculo de amigos y los hombres tenían un interés hacia mí que no incluía noviazgo ni matrimonio.

Al carecer de unas raíces profundas y sólidas en cuanto a mi valor y dignidad cometía todo tipo de errores con los hombres.

Muchas veces aceptaba un noviazgo en donde el novio aparecía una vez cada tres meses, dejándome en un estado de profunda lástima y dolor hacia mí misma.

Hacía esto porque tenía mucho miedo de quedarme sola, de no encontrar el amor y de que si no cedía a lo que el novio de turno pudiera darme en ese momento, sería rechazada.

Todo esto no lo descubrí sino hasta que conocí a una maravillosa mujer con la que me sentía capaz de abrirme por completo y que después se convirtió en una de mis mejores amigas y madrina de mi única hija.

Esta era una mujer que estaba muy cerca de Dios. Ella me invitaba a unas clases de formación humana en las que por primera vez escuché hablar sobre la dignidad, *el valor que tenía como persona*, un valor porque sí, un valor que no tenía que tener belleza, inteligencia, dinero o títulos universitarios, *ni siquiera tenía que ser popular* y querida para ser acreedora de ese valor.

Una conmoción interna se daba en mí al conocer estas verdades, sentía que algo se iba transformando por dentro y me aportaba una alegría y esperanza que nunca antes había sentido. Cuando conozco a Kalena, yo ya había tenido unos encuentros con Dios, había asistido a un retiro para Carismáticos y estaba en un grupo de carismáticos. En estos retiros había experimentado gran sanidad pero no obtenía la formación que encontré con estas clases.

Aprender de mi dignidad como persona y mujer me ayudó a darme cuenta de que por debajo de todos mis cambios en los estados de ánimo, mi depresión, mi soledad y mis conductas adictivas (como asumir deudas que no podía pagar) se ocultaba el gran saboteador de mi autoestima que me recordaba constantemente *"hay algo malo contigo"*.

Estar frente a este conocimiento que antes no tenía, arrojó luz a mi entendimiento de la vida y a la comprensión de mi propia historia. A partir de ese conocimiento y encontrándome en la crisis existencial más grave y profunda de mi vida supe por intuición (gracia de Dios) que hacer frente a todo el dolor que había en mi vida y pararme frente a mí misma en el espejo, *era iniciar el camino de la curación*.

Años más tarde, cuando estas heridas me condujeron hacia el camino del *auténtico cristianismo*, encontré en Él las enseñanzas, verdades y prácticas que me ayudaron a comprender los sentimientos distorsionados que tenía de mi persona, en cuanto a mi capacidad intelectual y mi belleza.

Quizá debe aprovechar aquí para contarte que antes de llegar al cristianismo caminé muchos senderos. Conozco prácticamente todos los caminos de moda. Inclusive dejé el que había encontrado para probar estos otros y aprendí muchas cosas, muchos métodos y muchas técnicas. Sin embargo caminar con Dios no es un camino de aprendizaje de técnicas sino **una gracia** que se recibe cuando como persona uno reconoce su pequeñez y su incapacidad para lograr la vida sin una guía superior, sin una **abundancia de Amor** que es lo que da Dios y otros no dan.

El cristianismo es realmente el camino del amor. Todo lo que hay en el me proporcionó la seguridad y el amor que me había faltado en mi niñez y me enseñaron a entablar una relación de auténtico amor hacia mí.

Las enseñanzas de Cristo también me ayudaron a erradicar por completo de mi cabeza aquella creencia mía:

"No eres inteligente, no eres bonita".

De veinte años a esta parte, ejerciendo como psicoterapeuta, **life coach,** para mujeres y matrimonios y maestra de desarrollo personal para mujeres y niñas, he trabajado con cientos que me han contado la carga dolorosa que supone para ellos el sentimiento de ser tonto o no ser bueno, como es el caso de aquellos niños que han sufrido el abandono de ambos padres o el del padre o la madre.

Con independencia de que nuestros encuentros se den en una conferencia que imparto, una conversación en la iglesia o en la privacidad de mi oficina, el miedo a la soledad, a no ser inteligente, a ser defectuoso, a ser distinto es el mismo en esencia. Nuestra cultura es experta para hacernos sentir defectuosos o inseguros.

Como lo leí hace poco:

"El sentimiento de que tengo algo de malo es un gas invisible y tóxico que estoy respirando constantemente".

Cuando vemos nuestra vida por medio del espejo de la deficiencia personal, estamos siendo nuestro mayor enemigo. *¿Quién quiere tener algo que ver con el enemigo?*

Recuerdo que en una de mis clases de desarrollo personal, hace algunos años, una de las participantes me contó una experiencia que había vivido con sus padres adoptivos y que la había mantenido hasta entonces en el trance de que *"algo no estaba bien conmigo..."* Ella era miembro de una de las poblaciones de indígenas en México. Sus padres adoptivos eran blancos y siempre la trataron todo, menos como una hija. Yo escuchaba horrorizada su historia.

La ponían a limpiar, cocinar, hacer todo tipo de tareas de empleada doméstica. Le hacían ver también la diferencia entre el color de su piel y el color de la piel de ellos. Debo confesar que fue una experiencia tremenda en lo personal, pues nunca había estado frente a un caso tal en donde la dignidad de la persona había sido pisoteada de mano de sus padres adoptivos.

Un día, luego de muchas clases, Lupita se acercó a mí y me dijo:

> *"Sabes Sheila, yo he creído toda mi vida que había sido creada inferior. Pero ahora gracias a todo lo que he aprendido en estas clases sé que tengo dignidad y que soy única e irrepetible".*

La verdad es que nadie tiene que pasar por semejantes experiencias para comprender que es único e irrepetible; nadie tiene que verse en la situación de verse abandonado por su pareja para buscar ayuda y nadie tiene que tener una crisis existencial para tener la experiencia profunda de valer y estar feliz por ser quién es y cómo es, asumiendo su historia.

Cada uno puede convertirse en su mejor amigo, y te conviertes en tu mejor amigo cuando tomas una decisión profundamente racional pero también profundamente emotiva que te lleva a decirte:

> *"No más diálogo negativo conmigo mismo, no más conversaciones sintiéndome una víctima, no más sentimentalismos. ¡Ahora comienzo a quererme de verdad, seré mi mejor amigo!"*

Amarte tal y como eres, implica la aceptación radical de tu belleza, de la forma de tu cuerpo, de tu cara, de la textura de tu cabello, la forma de tus pantorrillas y tus piernas, el tamaño de tu busto, de tu derriere, de tus pechos si eres hombre, de todos tus miembros, de tu inteligencia, de tus éxitos y fracasos, de tu experiencia de vida.

Es el antídoto que usarás cuando las cosas no te salgan bien, cuando te sientas tonto, cuando la depresión quiera abrir la puerta y entrar. Cuando tengas que competir por un puesto en la empresa. Amarte tal y como eres, es la disposición a vivirte cómo eres, desde quién eres y a vivir tu vida tal y como es, aunque muchas veces no te guste.

Cuando ames auténticamente quien eres, como eres y lo que eres, *serás feliz*, inmensamente feliz. No me cansaré de decírtelo. Yo soy tan feliz conmigo. Estoy maravillada con mi belleza, con mi inteligencia, con mi creatividad única e irrepetible.

Cuando has decidido amar lo que eres empiezas por abandonar los miedos, los complejos y las heridas de tu propia vida; incluyes el rencor y la culpa y sobre ***todo te haces amigo de Dios.***

Descubres que puedes convertirte en tu mejor amigo, en tu más grande y compasivo aliado. *Cuando te amas, amas al mundo*, todo se ilumina porque tú estás iluminado, es más, te conviertes en lámpara para tantos que caminan en la oscuridad buscando su amor propio, autoestima y dignidad.

LO QUE ESPERO APORTAR CON ESTE LIBRO

Son varias cosas, ya que desde muy pequeña me conmueve y me importa el sufrimiento de las personas.

Durante muchos años de mi vida, me interesaba el sufrimiento de las mujeres en particular, pero ahora, y desde hace unos cinco años me preocupa, interesa y conmueve el dolor de los hombres. Por ello este libro, aunque escrito y dirigido a ella, pienso que puede de ser de mucha utilidad a los hombres también.

En este libro hablo de muchos temas, tales como el signfico de la dignidad de la persona, el sufrimiento, la búsqueda de valores y me asomo al amor de Dios.

No es un libro espiritual, es un libro de autoayuda que al final va a entre abrir una puerta hacia la espiritualidad y el espejo de Dios.

Este libro se llama El Espejo ya que es el instrumento que todos los seres humanos usamos sobre el planeta: hombres y mujeres.

Necesitamos siempre mirarnos en un espejo para ver nuestro aspecto y proyectar nuestra mejor imagen, por lo que muchos de los capítulos harán referencia al mismo.

Además en el libro hablo de puertas y las que he escogido las considero poderosas para despertar hacia el amor por uno mismo, conectarse con ese amor y vivir desde esa libertad que nos da ser únicos e irrepetibles.

Sé que no soy una investigadora de todos los conceptos o propuestas que hay en este libro.

También sé que no soy la primera y única que escribe sobre estas cosas, pero sé que lo que propongo puede de ser de gran ayuda para tu vida porque todos los casos, ejercicios e historias son verídicas pues los protagonistas son mis clientes mismos. Pero creo que lo más importante es que he sido capaz de escribir este libro, después de un despertar que empezó a darse en mí en el año 2012.

Viniendo de una infancia dolorosa, adolescencia problemática e incierta entrada a la vida adulta, pase muchas décadas de mi vida buscando respuestas para todo lo que me había pasado.

Considero que esta curiosidad nata en mí, y la voz de mi interior por surgir es lo que ha sido instrumental para que yo me haya convertido en la mujer que soy hoy.

Soy una mujer que no va hablar de investigaciones, sino alguien, ordinario, quizá como tú que ha tenido sueños y a la que le ha costado la vida, por la falta de una formación a nivel de persona que es muy fundamental y que leerás en las páginas de este libro.

Sinceramente deseo que este libro aporte algo a tú vida que no ha aportado ningún otro libro.

Es tan importante conocer qué somos, quién somos y para qué somos.

Cuando uno camina conociendo estas cosas, aunque la vida te golpee y te haga todo tipo de propuestas siempre podrás seguir viviendo con esa sensación que eres tú quién gobierna la vida y que no es ella la que te gobierna a ti.

Pido en mis oraciones que las enseñanzas que he querido transmitir en este libro sean de ayuda para que despiertes en ti la oportunidad única e irrepetible de ser tú con tu nombre, con tu historia, con tu vida.

CAPÍTULO I

"Amate apasionadamente. Ama tu inteligencia, tu profundo potencial… ama todas esas cosas de ti que te hacen diferente a los demás y único e irrepetible".

Sheila Morataya

1.
FRENTE AL ESPEJO
Mírate amando lo que ves

El espejo: *speculum* en latín, significa mirar a través de un vidrio, reflejar.

En el espejo descubres quién físicamente eres. Aprendes de las formas de tu cuerpo, de tus ojos, de tu cabello, de tus labios, de tu trasero, de tus piernas, del conjunto único y singular de ser tú, de llamarte cómo te llamas.

El espejo es el primer objeto con el que aprendes a gustarte, aprobarte y amarte o el primer objeto con que el tendrás una lucha por ser como eres, porque no te gusta o no termina de gustarte lo que ves.

Hace poco fui invitada a una ceremonia de presentación, ante la comunidad budista, de un bebé de unos siete meses de edad. Él (como le llaman a los sacerdotes en este tipo de camino) da un pequeño discurso frente a la comunidad, quienes atentamente y sentados en sus cojines de meditación observan al bebé que hace su debut como alguien fundamentalmente bueno. Es decir, una criatura perfecta, hermosa, única en la que nada hay roto, sucio o inapresable.

Le habla al bebé y a medida que le va explicando esto, le dice que se lo está diciendo para que en su paso por el mundo, sus ilusiones y sus propuestas nunca pierda de vista este concepto: *"Eres básica y fundamentalmente bondad, bueno para el mundo"*.

Pero lo que más me llamó la atención de este momento tan profundo para la vida del bebé, tanto como para los que presenciábamos esta escena, es que el Acharya nombre que se le da al diácono budista, en su mano izquierda, sostenía un objeto cubierto con una hermosa mantilla de color naranja intenso. Por supuesto, el bebé ponía toda su atención en la mantilla gracias al color vívido e intenso del naranja.

Después de asegurarse de comunicar al bebé de todas las batallas y propuestas que el mundo le ofrecerá y planteará, el Acharya pronuncia las siguientes palabras: *"bienvenido (nombre) al mundo, te presento a tu bondad y nobleza"*. En ese momento quita la mantilla que cubre el espejo y el niño queda frente a sí mismo.

Hay un momento de profundo silencio, extremadamente conmovedor y extremadamente vivo, que a cada uno le hace conectarse con sus más íntimas fibras humanas.

Esta experiencia vivida me hizo recordar a una idea que me suscitó la lectura del texto *"El Estadio de Espejo"* de Jaques Lacan.

Si bien es un texto complicado en su lectura, él hace referencia de que en un principio él bebé no se reconoce en el espejo, piensa que eso que ve en el espejo es otro niño, pero luego de un tiempo y aún sin controlar sus movimientos, el niño comienza a reconocerse, como un todo, ya no se ve fragmentado, sino que se ve en su unidad.

Esa imagen la recibe con alegría. Eso se logra gracias a que una persona ofrece el espejo, el niño se identifica con la imagen que ofrece el espejo y con las palabras que ofrece esa persona en esa relación niño-espejo.

Creo que fue esa vivencia en ésta celebración budista la que me llevó a pensar que en ese momento ese bebé se ésta conociendo en su bondad y nobleza cargado por sus padres, primeros portadores del amor hacia uno mismo y el auto concepto.

* * *

Desde hace miles de años y hasta nuestros días, todas las personas tenemos a nuestra disposición un espejo: en nuestro baño, en nuestra habitación, en nuestro automóvil o en nuestro bolso de mano. En mis viajes por el mundo, una de las cosas que más disfruto es entrar a la habitación del hotel en que estaré alojada y mirar los espejos. Hay una variedad de espejos en todos los países, en todo el mundo, en todas las culturas.

¡No hay un país que no tenga espejos! Este es un objeto indispensable para todos. Lo utilizamos para mirarnos a la cara cada día al levantarnos. Luego de darnos un baño, es casi un ritual pasar cerca de media hora frente al espejo.

Esto es válido tanto para los hombres como para las mujeres.

No me dejarás mentir: te arreglas el cabello, te rizas las pestañas, te quitas la barba, te sonríes o te desapruebas; si eres hombre te pones la colonia para después de afeitarte y si eres mujer te pones tu color de labios favorito y suspiras.

Ahora respóndeme, ¿qué es lo último que haces antes de salir de casa? ¡Por supuesto! Sonreír y saludarte en el espejo.

Frente al espejo y de forma privada, te conoces. La mayoría de los Padres de la Iglesia y de los autores medievales utilizan la simbología del espejo para hablar del conocimiento. Lo indica el que el propio término, utilizado al principio de este libro "especulación" (*speculum*) sea un derivado de espejo.

Originariamente el espejo (*speculum*) era una superficie reflectora que servía para el estudio de los astros. Luego, el término se utilizó para otros fines, y adquirió, al mismo tiempo, un vasto sentido simbólico. En la tradición universal hay variedad de espejos y en la Biblia está ya presente su sentido simbólico.

El primer *speculum* que conocemos es el de la superficie de las aguas. La Biblia habla del "mar de bronce" situado en el atrio del templo, destinado a observar los astros y establecer así el calendario para la oración. Para la *speculatio* en las aguas son necesarias limpieza y quietud.

La imagen reflejada es invertida y fugaz. El observador, tú o yo, se aproxima al conocimiento, pero la realidad continuará siempre distante. A través del *speculum* nunca será posible tocar una estrella.

La simbología incluyó estos aspectos, que continuaron presentes incluso después de que los espejos llegaran a ser más perfectos que las superficies de las aguas.

Estos me recuerdan que los persas y los chinos fueron los primeros que utilizaron espejos de metal de forma circular. A través de Egipto este nuevo tipo de espejo llegó a Siria y a Palestina en el siglo XIII a.C. El Antiguo Testamento habla de espejos de bronce para el uso personal de las mujeres en el libro del Éxodo 38,8. Pero a diferencia del espejo de las aguas, el de bronce es sólido y firme y no necesita quietud.

Pero para reflejar la imagen debe estar limpio y pulido. Un espejo oxidado deforma la imagen e incluso impide su reflejo. La capacidad reflectora del metal permite un conocimiento más perfecto de la realidad, lleva casi a tocarla con las propias manos. Esta misma capacidad tiene su lado engañoso e ilusorio puesto que permanece la gran distancia entre la imagen y la realidad. Y veamos que más dice la Biblia sobre los espejos:

Al cielo de verano se le compara con un espejo de bronce (Job 37, 18).

La Sabiduría es un espejo sin mancha (Sab 7, 26).

Pablo piensa en la capacidad reflectora del espejo al hablar de la diferencia entre la gloria del Señor que resplandece en el rostro de los cristianos y la que resplandecía en la faz de Moisés (2 Cor 3,18).

En otro texto se destaca la distancia entre el conocimiento directo de la realidad y el indirecto a través del espejo (1 Cor 13,12).

Santiago al hablar de la práctica de la Palabra de Dios, recuerda el aspecto fugaz de una imagen reflejada (Santiago 1, 23-25).

Ahora bien los espejos de vidrio aportaron nuevos elementos simbólicos. Pusieron de relieve la luz, el brillo, la transparencia. Palestina sólo conoció los espejos de vidrio a través de los romanos, pero la simbología ligada al cristal es más antigua y aparece ya en el Antiguo Testamento. Entre las piedras preciosas que contribuían al esplendor de las murallas de Jerusalén reconstruida estaba el cristal.

El río que manaba del trono de Dios y del Cordero, según el Apocalipsis era tan brillante como el cristal. El cristal oculta, y al mismo tiempo manifiesta la realidad. El cristal de roca refleja la luz con reverberaciones diferentes, lo que sugiere que siempre es posible descubrir una nueva cara de la realidad.

~~

LA METÁFORA DEL ESPEJO EN LA EDAD MEDIA

Pero si crees que esta es la única información sobre el espejo te equivocas. La literatura de la Edad Media utilizó abundantemente la metáfora del espejo. H Grabes enumera más de 250 obras medievales que llevan en su título la palabra *speculum,* o el equivalente en lengua vulgar. Estas obras pueden clasificarse en dos grupos: los espejos instructivos y los espejos normativos. En el primer caso, se utiliza el espejo como un medio de conocimiento. Son obras que tratan de los más variados asuntos científicos y atañen a todas las áreas del saber, como auténticas enciclopedias. Hay espejos naturales, morales, doctrinales, históricos, jurídicos…

Los espejos normativos pretenden profundizar en la vida moral y espiritual. Son obras de edificación que ofrecen normas de conducta, catálogos de virtudes o ejemplos de vida.

En la teología y en la espiritualidad, la simbología del espejo se aplica a Dios, al universo, a Jesucristo, a María, a los ángeles y santos, al ser humanos y a las demás criaturas.

EL ESPEJO EN RELACIÓN CON DIOS

*La inmutabilidad divina
y la receptividad humana.*

El espejo recibe el rayo de luz y reproduce la imagen, pero sigue siendo lo que es, un espejo.

A los ángeles se les considera también como espejos plenamente transparentes. En sus rostros se refleja la luz divina que ellos contemplan. Sobre todo por lo que toca a la función de los querubines. Una unión mística con Dios.

Dentro del cristianismo se considera a María como espejo, especialmente por su pureza virginal, y muchas obras de la Edad Media (Camino y Espejo de Delir Bunelli), le aplican esta simbología. Junto a ella, también los santos son espejos ejemplares.

Y creo que esto explica hacia donde quiero llevarte yo cuando el título de este libro es El Espejo, las criaturas, los hombres son espejos en los que Dios se refleja. A través de ellos podemos conocer a Dios. El ser humano, tú y yo, somos creados a imagen y semejanza de Dios, es un lugar privilegiado para la speculatio del misterio divino.

Esto quiere decir que si como persona, busco el desarrollo personal, el crecimiento personal, la iluminación, la expansión de todas mis capacidades para el amor, el éxito y la felicidad no hay mejor cosa que aprender a mirarme en el espejo de Dios. Mirarse en ese espejo te asegura el desarrollo total de tu personalidad, la purificación del corazón pues tú y yo sabemos que Dios es todo lo bueno, todo bien, sumo bien y cuando uno se mira en un espejo así, triunfa, pero no por triunfar sino para la gloria de un Dios que es Amor y que te creo a ti y a mí por amor.

De manera que toda acción, todo sueño, todo trabajo profesional, toda ambición, todo emprendimiento cobrará un sentido trascendente, no se quedará pegado al suelo, no será egoísta porque te empezarás a mirar como los querubines en Él y te unirás a Él, logrando de esta manera la iluminación, ¿qué tipo de iluminación?

No esa egoísta que quiere iluminarse por sentir, por saber qué es lo que se siente, sino una iluminación de adquirir esa consciencia de estar puesto en el mundo para continuar el acto creativo de Dios, para embellecer el mundo o para humanizarlo, tal y cómo lo hizo la ahora Santa Teresa de Calcuta. Esta mujer estaba acostumbrada a mirarse en el espejo de Dios, por medio de la oración y lo hacía algunas veces mirando a Dios Padre, otras a Jesús y otra al Poder del Espíritu Santo, ella se miraba tanto en este espejo que al mirarse y ser mirada recibió una llamada extraordinaria, diferente, dentro de su llamada a la vida religiosa, esa llamada fue ir a los cloacas de Calcuta a rescatar y cuidar de los pobres.

En ese momento Madre Teresa despertó, se iluminó y miró el deseo de ese Espejo Eterno para la humanidad. Además escuchó la frase : "Tengo sed" que en su despertar para ella significo sed de amor, que tú , monja salgas de la comodidad de tu convento y vengas a servirme aquí, donde piensan que no hay vida, donde no hay placeres, ni sensaciones, donde estos seres humanos no saben lo que significan ser persona, ser humano, tener dignidad. Ven, le dijo El Gran Espejo: "sé mi luz" y ella, fue, hizo, obro desde ese amor que mirarse en ese espejo le daba y ahora es Santa Teresa de Calcuta. Al mirarse en el Espejo de Dios, ella era inhabitada, iluminada con la presencia de Dios.

He tenido el privilegio de estar presente en Roma, en el momento en que el Papa Francisco la ha declarado Santa y te puedo decir que ha sido una de las experiencias más inolvidables e irrepetibles de mi vida. ¿Qué crees que podría empezar a suceder en tu vida, si ese objeto con el que te miras y arreglas en la mañana fuera utilizado para contemplar la belleza de Dios en ti? ¿Recuerdas de lo que te hablaba muy al principio de este capítulo? Te hablaba de una idea muy superficial sobre el espejo, y te la puedo completar explicándote que hacer todo eso en las mañanas.

Puede ser que no sea tu procedimiento o que sea exactamente así, pero seguramente se aproxima al de la gran mayoría de las personas. El espejo no es sólo un instrumento al que damos un uso diario, es también una especie de diario: porque es nuestro confidente, nuestro amigo y a menudo, nuestro consuelo. Lo es, porque hay un gran número de personas a las que no les gusta mirarse en el espejo.

Si se miran, no lo disfrutan, muchas se rechazan, entablan conversaciones hirientes: *"Eres tan estúpido... nunca llegaste a ser nadie..."*

¿Sabes por qué las mujeres nos miramos en el espejo cuando lloramos? Sí, lo que acabas de pensar: *nos sirve de consuelo* porque al vernos nos sentimos acompañadas por nosotras mismas. ¿Sabes por qué los hombres se miran los músculos en el espejo? Ajá, porque hacerlo fortalece su autoestima masculina. Verdaderamente, es frente al espejo donde descubres por primera vez con plena conciencia tu identidad: *este soy yo y no otro*. Es gracias a él que puedes darte cuenta de que las formas de tu cuerpo cambian con el paso de los años. También frente al espejo acaricias y contemplas tu vientre cuando recibes la noticia de que vas a ser madre; y si eres hombre, es probable que te interese mucho ver cómo va el desarrollo de tus músculos y juegues a ser Mr. Atlas.

Todas las personas nos espantamos al descubrir ante el espejo nuestra primera arruga o evitamos detenernos frente a los espejos si tenemos algunos kilos de más. Muchas de mis clientes se muestran avergonzadas cuando les pido mirarse al espejo y en algunas hay una desconexión entre el espejo y la persona que sienten ser. Esto es así porque muchas de ellas han sido abusadas en su infancia, sometidas a una niñez violenta, maltratadas por sus compañeros de colegio o abandonadas por uno de sus progenitores. Esta experiencia de abandono, maltrato y daño contra la propia dignidad, forma una especie de niebla que evita que la persona se vea y aprecie en toda su belleza, frente a un espejo.

ES UN ALIADO

Veo el espejo aquí, no como un simple instrumento para arreglarnos en la mañana o para maravillarnos de nuestra belleza y ser vanidosas, sino como un arma que ayudará a quién quiera descubrirse frente a él, conectarse con la persona que es y conectarse con la persona que Dios ha soñado que sea.

El espejo es un gran amigo. Todos los secretos que tenemos las personas para arreglarnos y ser más atractivos, los compartimos… con nuestro espejo. También le pertenecen a él todos los secretos que guardamos celosamente en nuestro interior.

Sócrates recomendaba el uso del espejo a sus discípulos para que, si eran hermosos, se hicieran moralmente dignos de su propia belleza, y si eran feos, lo ocultaran mediante el cultivo de su espíritu. No obstante, en la Grecia Antigua el espejo era considerado un instrumento estrictamente femenino.

El ciudadano griego consideraba que su uso era vergonzoso y solamente en la peluquería (aunque no existían todavía) observaba sin pudor el reflejo de su imagen.

Al que se contemplaba en el espejo se lo juzgaba como un hombre al que le gustaría ser mujer.

¡Gracias a Dios los tiempos han cambiado!

La verdad es que el espejo puede ayudar a alimentar la vanidad, pero no es esta su única función: también puede ayudar mucho a una persona a conocerse a sí misma, a redescubrir su belleza, su valor y su autoestima.

Puedes ahora hacerte las siguientes preguntas:

¿Qué impresión tengo de mí cuando me veo en el espejo?
¿Por qué creo que hay personas que se miran mucho en el espejo y otras no? ¿Qué tipo de persona soy frente al espejo? Siendo que soy naturaleza divina, puedo tener relación con el Espejo Eterno, ¿puedo pensar en qué tipo de espejo hasta hoy estoy siendo para los otros? ¿Qué me hace pensar desarrollar en mis las características de Dios para desarrollar al máximo mi personalidad e inclusive llegar a ser santo como la Madre Teresa de Calcuta? ¿Es esta idea algo que me parezca irreal o imposible lograr para mí? ¿Por qué no o por qué sí?

* * *

Veamos el aspecto más psicológico ahora

Como verás he profundizado mucho en este concepto del espejo porque creo que es importante comprender primero la magnificencia de nuestra naturaleza y la grandeza para la que tú y yo, queridísimo lector hemos sido creados.

Si todas las personas fuéramos instruidas en nuestra infancia, nutridos con esta verdad, créeme que las visitas a los psicoterapeutas serían mucho menos, y mira que la que escribe es una de ellos. Pero es así, hay muchas personas que no se gustan a sí misma, que se ven poco o evitan mirarse en el espejo. Para ellos está dirigida la siguiente actividad.

~~~

LA TERAPIA DEL ESPEJO

Actividad:
Espejito, espejito en la pared

Éste es un ejercicio que está diseñado para que dejes de juzgarte físicamente y basado en parámetros que no son realistas.

Si bien es cierto que la televisión es un invento maravilloso, a la mayoría nos ha llevado a creer que si no lucimos de la misma forma en la que lucen los artistas, presentadores y personalidades, nuestra belleza no es tan impactante o gloriosa.

Por ello y con frecuencia, en mis sesiones trabajo en la *reestructuración de la autoestima que se ha visto distorsionada por estas ideas de no tener una belleza perfecta en el rostro, cabello y cuerpo* y aconsejo a mis clientes observarse desnudos en el espejo con aprobación y asombro buscando su propia belleza y singularidad.

Del número de veces que he hecho esta propuesta puedo asegurar que la primera reacción es de risa. A lo que sigue una pregunta de mi parte: *"¿Por qué te ríes?"*

La respuesta siempre es la misma: *"Me da vergüenza"*.

¿Por qué a una persona adulta le daría vergüenza mirarse a sí misma? Las razones pueden ser muchas, algunas de ellas son: nunca nadie le mostro su belleza siendo niño cuando crecía; ni reafirmó su belleza; estuvo sometido a muchos maltratos siendo un niño.

La verdad es que el auto concepto (lo que yo pienso y voy a pensar de mí) es formado de muy niño. Por esto, los cuidados en un recién nacido, en un bebé y en un niño son tan importantes, pues todas las experiencias tempranas de afirmación en el ser, de sentirse valorado y amado quedan grabadas en el cerebro, son creencias que se pegan a él como una segunda naturaleza.

El ser humano necesita de la experiencia de vinculación como reguladora de su sistema emocional para un desarrollo armonioso de sí misma, escribe Daniel Hill en su libro *Affect Regulation Theory: a clinical model.* (Norton series in Interpersonal Neurobiology).

Sigamos con la actividad del espejo.

Párate desnudo o desnuda frente al espejo, *obsérvate*.

Escribe en un cuaderno u hoja lo que ves. Date cuenta si escribes aquellas formas o aspectos de tu físico que no te agradan, gustan o con los que no estás feliz.

Algunas de las cosas que sé vas a escribir pueden ser:

- Mi nariz es muy grande.
- Tengo una cadera muy ancha
- Mis brazos son muy delgados.
- Mis pechos son muy grandes.

Ahora te voy a pedir que escribas los nombres de aquellos hombres (si eres hombre) o mujeres (si eres mujer) que más admiras y escribas aquellas cosas que admiras en ellos. Ahora que ya has terminado de escribir la lista te pregunto, ¿lo que admiras en esas personas son sus atributos físicos o su aspecto físico?

Estaría muy interesada en mirar como comparas la lista con las cosas que has escrito sobre ti mismo. Si te fijas hay una tendencia en cada uno a ser nuestro peor crítico en cuanto a nuestro físico y sin embargo cuando tenemos que mencionar lo que admiramos de algún personaje famoso o público si bien admiramos su belleza externa, nos concentramos más en hablar de sus cualidades internas o simplemente como persona.

Ahora pasemos a explorar un poco aquellas cosas que recuerdas de tu infancia y que están relacionadas con tus padres:

- *¿Qué recuerdo de mí y de mi madre frente al espejo?*
- *¿Cómo se observaba mi papá frente al espejo?*

- *¿Cómo recuerdo ver a mi madre a solas frente al espejo?*
- *¿Qué he modelado de ella y su relación con el espejo?*
- *¿Qué de mi papá?*
- *¿Cómo recuerdo eran las miradas de mis padres, cuidadores, cada vez que yo hacía una travesura?*

Puedes a partir de hoy empezar a utilizar el espejo para estar frente a ti mismo de una forma diferente, para auto descubrirte, para conocerte, para amarte y cuidarte, la intención es que el espejo se convierta en tu aliado.

Esto quiere decir que no solo te servirá para observar tu compostura exterior, la postura de tu cuerpo y la actitud que tengas frente a él sino que también te ayudará a descubrir quién eres pues en ese encuentro frente a ti mismo, te darás cuenta de qué tan feliz eres, de ser quien eres o qué tan infeliz te sientes. Entonces esta experiencia te llevará a sentirte anímicamente triste y desanimado o feliz y completo.

Un tip adicional

Sé curioso ante tus estados emocionales y pregúntate:

1-¿Por qué me siento así conmigo mismo?

Respira hondo. Trata de sentirte y escucha tu sabiduría interna. Escribe todo lo que escuches o sientas.

2-¿Qué quiero hacer para tener una mejor relación conmigo?

Quizá ha llegado el momento de salir a caminar, de soltar unas libras que vienes cargando durante mucho tiempo.

Podrías pensar en tomar un curso de maquillaje o contratar a un consultor de imagen para que te enseñe a vestir tu figura o simplemente puedes decirte un te quiero cada vez que te veas en el espejo.

Mi queridísimo lector, la belleza está en todos los seres humanos; la belleza está en ti y tú belleza es única e irrepetible. Cree esto. Yo sí que me lo creo. Soy única, maravillosa, extraordinaria, irrepetible.

Ahora puedo decir esto con toda pasión y convicción, pues es verdad que las experiencias de la niñez cuando no han sido positivas nos alejan de nosotros mismos, nos dejamos abandonados en un cajón porque no sabemos exactamente cómo manejar los sentimientos que surgen hacia nuestra identidad física, sin embargo cuando llegamos a la edad adulta, o si es posible antes, tenemos la oportunidad de buscarnos, encontrarnos y amarnos de forma incondicional como nadie más que uno mismo puede hacerlo.

Esta aceptación provoca una importante sacudida interior que ayuda a convertirte en tu mejor aliado y a tratarte a partir de ese momento con amor y respeto.

Aquí termino este capítulo pero en el siguiente quiero llevarte un poco más profundo utilizando una parte del libro de "Alicia a través del espejo".

EL CASO DE ALICIA
a través del espejo

"*Ay, gatito, ¡qué bonito sería si pudiéramos penetrar en la Casa del Espejo! ¡Estoy segura de que ha de tener un mar de cosas bellas! Juguemos a que existe alguna manera de atravesar el espejo; juguemos a que el cristal se hace blando como si fuera una gasa de forma que pudiéramos pasar a través*".

Lewis Carroll, *Alicia a través del espejo*

Este libro de Lewis Carroll es una continuación de *Alicia en el país de las maravillas*, su otro libro. Por medio de la historia de *Alicia a través del espejo* se puede reflexionar sobre el deseo que tiene toda persona de conocerse a sí misma. Si bien el autor representa este deseo mediante la figura de una mujer (una niña), lo cierto es que los hombres también tienen un anhelo muy profundo de autoconocimiento, es decir, de conocerse más allá de la imagen que les devuelve el espejo.

Consciente o inconscientemente, cada hombre o mujer, quiere saber quién es, conocerse, valorarse, amarse y aceptarse.

Ésta es una condición específicamente humana, que proviene de la propia esencia del hombre. Es decir, ser persona quiere decir ser consciente (existe bien y mal), inteligente (puedo construir mi vida) y generador de valores (sólo el hombre puede decidir ser o no ser un ser moral).

Por eso, cuando alguien acude a un *coach*, lo primero que debe hacer es responder a un cuestionario de autodescubrimiento, cuyo objetivo principal es sondear con cuánta profundidad se conoce a sí mismo. Es sólo a través del autoconocimiento que una persona puede ejercer una función en el mundo con vigor, seguridad, pasión, compromiso, responsabilidad y fuerza.

Las mujeres no podemos vivir sin los espejos. Lo mismo les ocurre a los hombres. La diferencia es que la mujer puede mirar mucho más profundo en ella misma cuando se mira en el espejo.

Hay una razón por la cual el espejo en nuestra cultura no es un instrumento propiamente masculino, porque lo tradicionalmente propio del varón *es la acción*, la jornada laboral intensa y sobre todo lo práctico.

Los hombres no viven pendientes de su propia belleza. Bueno, esto no es del todo así, pues en la actualidad hay también muchos hombres que viven preocupados por su físico y sus músculos; sin embargo vivir pendiente de la propia belleza es más natural en la mujer.

Desde el punto de vista psicológico, las mujeres nos arreglamos en primer lugar para agradarnos a nosotras mismas y en segundo lugar a los demás. Es propio de una mujer llevar una vida social y para ello necesita un espejo que la ayude a embellecerse para cada ocasión. La mujer parece afirmarse a sí misma frente al espejo cuando se gusta; pues muchas mantienen una lucha eterna con su propio físico como lo expliqué antes en este libro.

De alguna manera, el espejo nos ayuda a descubrir cómo somos y cómo quisiéramos ser.

Creo que por esto mismo mi primera profesión fue la cosmetología, quería cambiar el color de mi cabello y aprender a maquillarme.

Luego me fui a Los Ángeles a estudiar modelaje profesional. En esa escuela me enseñaron todas las técnicas y secretos de los modelos profesionales precisamente frente a un espejo, frente a ¡muchos espejos! Tiempo después al formarme como coach utilicé y sigo utilizando mucho este instrumento maravilloso para trabajar sobre la autoestima, así he orientado a muchas personas a redescubrir su propia virilidad o femineidad poniéndolas frente a un espejo.

En muchos casos, la primera reacción al verse reflejadas de cuerpo entero es llevarse las manos al rostro. Enseguida hacen una mueca y sus ojos se llenan de lágrimas.

"¿Qué ves?", les pregunto.

Entonces es común que respondan: *"Es que no me gusta lo que veo"*. *"Es que no me gusta ser como soy"*.

Los *coaches* entrenados con el programa Co-Active® llamamos a esta etapa particular *coaching de proceso*, una instancia fundamental para que el cliente decida ahí mismo qué quiere hacer con esos sentimientos y hacia dónde quiere moverse.

Estar consciente de los sentimientos que afloran hacia nosotros mismos es muy importante para poder ayudarnos a sanar esas partes de nuestro ser que están heridas.

Cuando alguien se para frente a un espejo y no se gusta, es como volver a la niña o niño que fue y es la oportunidad de explorar ciertas creencias erróneas sobre el propio cuerpo para sustituirlas por pensamientos y creencias que nos van a conectar con nuestra bondad natural.

> *La persona que está parada frente al espejo es buena para el mundo. Alguien único e irrepetible. Un verdadero original.*

Como *coach* entiendo que el espejo se ha convertido en un gran aliado para ayudar a las personas a comprender que el inicio de su felicidad se encuentra en *lograr aceptarse tal como son físicamente* y, a partir de allí, iniciarse en el camino del amor. Pues de gustarse a uno mismo deriva el grado de seguridad y aplomo personal que se irá desarrollando a lo largo de la vida.

SHEILA MORATAYA

CAPÍTULO 2

"Y Dios los creó, varón y mujer los creó para someter y gobernar la tierra".

La Biblia

2.
CONÓCETE
¿Qué y quién soy?

Queridísimo lector ahora voy a hablarte un poco de filosofía antropológica. No te me asustes que te lo voy a poner muy sencillo, especial para ti y para que te asombres y lo disfrutes.

En la naturaleza distinguimos tres reinos: El reino biológico, el reino animal y el reino racional. En el reino biológico encontramos las piedras, las plantas, el agua cuya característica es estar estáticos a menos que algo les impulse como es el caso del agua. Una piedra no puede moverse por sí misma, tampoco lo hace una planta aunque hay muchas que pueden tener una cierta movilidad como las perezosas que al caer la noche se cierran sobre ellas mismas.

En el reino animal encontramos a los animales que tienen en sí facultades afectivas como lo son: la imaginación, la pasión, los deseos, las emociones, los instintos y los sentimientos. Los perros, por ejemplo, son criaturas afectivas, los seres del reino racional (los humanos) también. En este sentido, animales y humanos comparten todas las características anteriores.

Sin embargo, los humanos a diferencia de los animales son seres racionales, esto quiere decir que el ser humano tiene capacidades que no tienen los animales como la inteligencia, la voluntad y la responsabilidad.

Porque los seres humanos son seres que pueden pensar, son acreedores de las siguientes destrezas:

• **Elegir:** eso es, puedo elegir qué carrera estudiar, puedo elegir estudiar en la edad adulta si mis padres no me pudieron dar estudio siendo niño. Puedo elegir a mis amigos. Puedo elegir una pareja y hasta el país donde quiero vivir. ¡Soy un ser que elijo lo que me dé la gana hacer con mi vida!

• **Transformar:** aunque me hayan azotado mil veces en la infancia; aunque me hubieran violado seis hombres juntos, aunque mis compañeros de colegio se hayan burlado todo el tiempo de mí y mi padre o madre me haya abandonado, yo puedo transformar toda esa realidad para una realidad plena, luminosa y feliz en esta vida que vivo hoy, ni ayer ni mañana. Ahora.

• **Pensar:** los animales y las plantas por natural que parezca no pueden pensar. La capacidad de pensar es un regalo otorgado solamente al hombre, por eso el hombre al pensar puede comprender que es hecho a imagen y semejanza de Dios o puede decidir que Dios no existe. Cualquier cosa que elija es regalo que le pertenece sólo a él y por cierto, eso le lleva a experimentar que es realmente un ser libre.

• **Amar:** y simplemente es nuestra esencia. Estamos hechos desde el Amor y para el amor. Los animales no aman y si aman no saben que están amando. Por eso el ser humano puede construir y manifestar unas relaciones basadas en su naturaleza que es buena. Bien supremo, todo bueno porque bien desde el Bien Sumo que para los creyentes es Dios. Y esto me lleva a mencionar que tú y yo, queridísimo lector somos los únicos seres de la creación que podemos conocer a Dios por lo que *estamos hechos para la trascendencia.*

Conocer esto es de absoluta importancia porque con este conocimiento te puedes dar cuenta que ser persona es un gran regalo y no cualquier tipo de regalo. Esto significa que tienes un poder del que los seres biológicos y los animales no gozan, puedes conocerte y conocer a Dios cuya naturaleza es creativa por lo cual eres capaz de imitar a Dios y resolver crear una vida buena, abundante, llena de amor y felicidad para ti y los demás.

Tanto en mis consultas, en conferencias, como en programas de radio con micrófono abierto y otros medios de comunicación, he notado que uno de los obstáculos más grandes que enfrentan el hombre y la mujer de hoy para resolver sus problemas y lograr una vida feliz, es la incapacidad para conocerse a sí mismos. Conocerse a sí mismo es todo eso: soy una persona, puedo pensar y tengo voluntad. Soy un ser libre, capaz y creativo.

Hay un proverbio chino que me gusta mucho mostrar a mis clientes para que lo memoricen. Dice así: *"Quien conoce a los demás es erudito, quien se conoce a sí mismo es sabio".*

Conocerte, saber lo que eres y para qué eres te brinda el poder que necesitas para lograr la vida que quieres tener. Ya lo decía Séneca: *"El hombre más poderoso es el que es dueño de sí mismo".*

¿Y CÓMO TE CONOCES A TI MISMO?

Existen muchas formas, propuestas, y hasta filosofías de cómo conocerte a ti mismo. Ya, lo sabes, debido a la niñez y experiencias vividas en mi adolescencia y edad joven adulta, te puedo decir que conozco casi todos los caminos y todas o muchas de las formas. Pero no conozco una mejor y más efectiva forma como la de aquella que se llama tener un **plan de vida**.

¿Qué es el plan de vida?

Es un modo práctico de aprender a vivir lleno de amor a Dios, a los demás por Dios y amor de uno mismo. Es una forma auténtica y comprobada a través de los siglos por los ascetas, santos, gente que ha decidido llegar a ser la mejor versión de sí mismo.

¿En qué consiste tener un plan de vida? En tener vida interior, esto es aprender a ser luminoso por dentro para después salir a iluminar el mundo logrando al mismo tiempo todos los sueños que uno tiene para uno en su corazón. La vida interior puede lograrse de dos formas: *"meditación y oración"*.

En el planteamiento que yo te hago, *la meditación* te servirá para conocer el estado de tu mente y así conocer porque te preocupa lo que te preocupa, aquellas cosas que te causan stress y lograr claridad en cuanto a de qué forma y cómo dejarás que las emociones gobiernen tu vida.

La otra forma, la oración es la forma más eficaz para conocer tu pequeñez y tu grandeza al mismo tiempo. Por medio de una vida de oración purificas el corazón, corriges las intenciones que te mueven para hacer las cosas y sobre todo, aprendes a tener una comunicación directa con Dios. Además de esto si quieres profundizar en el conocimiento de ti mismo, puedes contratar los servicios de un psicoterapeuta o un coach quien te ayudará a identificar cuáles son tus valores dominantes y, junto contigo, diseñará un plan de acción que tocará todos los aspectos de la rueda de la vida. Te explico lo que es la rueda de la vida en el siguiente capítulo.

Por medio de la *meditación y la oración*, descubres los valores que gobiernan toda tu vida y te das cuenta de que vivir es un continuo movimiento interno, es decir, que nuestras acciones surgen de nuestro interior, así como también nacen dentro de nosotros los sentimientos y todas aquellas emociones que no pueden verse pero que pueden sentirse. Por ello, tanto para un hombre como para una mujer es importante conocerse interiormente, pues de ese modo se aprende a vivir mejor, a manejar con más recursos la afectividad y el mundo emocional, y a partir de ello se puede lograr una vida más equilibrada, más madura, fructífera y eficaz.

LA ORACIÓN, CAMINO DE AMOR

Ahora queridísimo lector te daré algunos consejos prácticos para la oración personal. Como te dije más arriba en este libro, la oración o hacer oración no es una técnica que se aprenda. *Orar es desear a Dios*, desear entrar en la vida íntima de Dios, amar y ser amado por Dios; Por lo que **es una gracia.**

Es una experiencia viva de sentirse visto, escuchado, amado y respondido por otra persona. Por esto, la oración no es meditación, la oración es transformación no sólo de la mente, sino del corazón y del alma. Hacer oración es una facultad dada a todos los hombres, sobre todo a los bautizados pues al recibir el bautismo el hombre recibe la gracia sacramental que le ayudará a conducir la vida y sus propuestas.

Una persona puede ser no cristiana y ser una persona orante. Si has decidido que quieres empezar a tener un tiempo con Dios de forma seria, pide por el regalo, la gracia de la oración y Dios te lo dará. Si en la meditación tu sistema nervioso se armoniza y tus niveles de stress bajan, cuando oras se intensifican las disposiciones de fe, esperanza y amor que son valiosas no solo en el propio rato de oración sino se extienden a lo largo de tu día.

Al momento de escribir estas líneas me llega un texto del Papa Francisco (creo que como resultado de mi oración) que me parece muy oportuno compartir y explicar.

Cuando meditamos contemplamos el estado de nuestra mente nada más. No vamos a relacionarnos con nadie, sino más bien, es un acto con el yo, esto está bien hasta cierto punto, pues a veces, dedicarle demasiado tiempo al yo, puede alejarte del amor y su esencia. Pues bien, el Papa Francisco dice que rezar con autenticidad es no sólo ir a relacionarse con una persona, que es Dios sino también, es ir a desahogarse como se desahogó Job con sus hijos.

Muchas veces tú y yo, estamos agobiados por la vida, si somos muy jóvenes nos preocupa el futuro; si no nos hemos casado estamos tristes porque no encontramos esa pareja y si hemos perdido el trabajo nos desesperamos. Cuando todo va bien, o cuando se es muy joven, especialmente al estar en ese período de conquista, nos olvidamos de Dios, es como si no lo necesitáramos y nunca tomamos en cuenta que en cualquier momento la vida nos puede dar un golpe, desgarrar hasta la entraña, darnos una sorpresa.

Pues bien, vamos a quedar desolados y es entonces cuando acudimos a Dios. Nos ponemos de rodillas. Como un hijo. El texto del Papa Francisco sigue así: "Job vive una gran "desolación espiritual" y de desahogo ante Dios.

Es el desahogo de un "hijo ante el padre". La desolación espiritual es algo que nos sucede a todos nosotros: puede ser más fuerte, más débil… pero aquel estado oscuro del alma, sin esperanza, difidente, sin ganas de vivir, sin ver el fin del túnel, con tanta agitación en el corazón y también en las ideas… La desolación espiritual nos hace sentir como si tuviéramos el alma aplastada: no logra, no logra y tampoco quiere vivir. *Nosotros debemos comprender cuando nuestro espíritu se encuentra en este estado de tristeza extendida, que casi no hay respiración: a todos nosotros nos sucede esto. Fuerte o no fuerte… A todos nosotros. Entender qué sucede en nuestro corazón". Papa Francisco*

Es verdad, tú y yo, hemos o vamos a pasar por estas experiencias, pues es parte de la tríada trágica de la vida: el dolor, la culpa y la muerte. Por ello, es muy importante prevenir, fortalecerte, alistarte y nada mejor que hacerse amigo de Dios en los tiempos en que inclusive no parece que lo necesites.

¿QUÉ ES LA ORACIÓN?

Me gusta mucho la definición de Jacques Philippe:

"Es esencialmente un acto de fe. Es incluso el primer modo y el más natural de expresar nuestra fe".

La fe entonces se renueva, se purifica, se refuerza al ejercerla en la oración. Toda la vida se ilumina cuando uno es una persona de oración. Toda la vida adquiere un sentido elevado cuando uno habla con Dios.

"Cuanto más fe uno tiene, más unida está con Dios".
San Juan de la Cruz

* * *

El tiempo y lugar para la oración.

Dios está presente en todas partes y se puede hablar con Él en cualquier lugar: en una habitación, en una iglesia, en el tren, en el avión, en medio de una reunión o fiesta. Sin embargo, lo mejor es buscar un lugar que favorezca el silencio y el recogimiento, la atención a la presencia de Dios.

1- Al levantarte ofrece tu día a Dios y da gracias por la vida.
2- Escoge un lugar y a la misma hora ese tiempo en que vas hablar con Dios. Que sean por lo menos 25 minutos en la mañana y 25 minutos en la tarde. Si escoges un lugar en tu casa, procura hacerlo en un lugar ordenado y tranquilo. En mi caso personal, me gusta mucho ir a una capilla donde tienen Adoración Perpetua. Siento que estoy frente al mismo Dios en audiencia personal. Es maravilloso. Pero también me gusta mucho salir a caminar y en esa caminata tener una conversación con Dios.
3- Vive este compromiso contigo y con Dios de forma íntegra. Recuerda que *es un compromiso de amor,* la verdad es que cuando uno anda de novio y quiere verse hace lo que sea hasta encontrar el tiempo y estar juntos. Pues lo mismo con Dios, es una relación de amor. Dos amados se encuentran, tu alma y su Gratuidad.

4- Durante el día recita una oración o invéntate tus propias aspiraciones o jaculatorias:

"Gracias Dios por mi trabajo profesional".
"Todo lo puedo porque me fortaleces".
"Te amo tanto".
"Juntos lograremos grandes cosas".
"Ayúdame a quitar este obstáculo de mi camino"

Ahora crea tus propios enunciados.

* * *

La postura de oración

Recomiendo mucho que tu postura sea con la que te sientas más cómodo sin olvidar nunca que estarás frente a la presencia del Creador del Universo que es Dios. Puedes hacer oración de rodillas, sentado, acostado, prostrado e inclusive de pie. Lo importante es que la postura adoptada te facilite ese recogimiento, ese entrar en ti y en Dios que te permita la calma y comodidad necesaria al hacer el diálogo con Dios. Ahora, yo no te recomendaría acostarte porque tienes pereza, pues recuerda que vas a platicar con Dios no a dormirte o relajarte, si eso te pasa, ya no estás haciendo oración. Hacer oración o hablar con Dios es orientar el corazón a Él.

¿Es orar lo mismo que rezar?

No, en la oración como lo he dicho vas hablar con Dios. Imagínate que vas a tu café favorito y ahí está esperándote tu amigo Dios. Imagina sus facciones, su edad, todo. Ahora siente que es tu mejor amigo y le vas a contar sobre esa chica que has conocido. O le vas a decir que en tu trabajo te están exigiendo demasiado y te sientes incómodo. O le quieres decir que hasta hoy no has podido superar la pérdida de tu hijo. Entonces, cuéntale, habla mucho, dile todo. Cuando hayas terminado quédate en silencio. Dios te dará respuesta. Dios te hablará y en tu corazón sentirás la certeza que es Dios que te ha hablado.

Rezar es repetir en momentos de necesidad oraciones como el Padre Nuestro, el Credo, oraciones de petición a un santo que interceda por nosotros para obtener un favor especial.

Rezar es repetir una y otra vez **un Dios te salve María llena eres de gracia**... con la diferencia que cuando lo hacemos nos concentramos en ellas y las dirigimos hacia esa persona o santo, específicamente. O utilizamos una oración para implorar al Sagrado Corazón, a Dios Padre, etc.

Voy a darte unos ejemplos de oraciones que puedes rezar, a continuación.

ORACIONES

Una de las jaculatorias más repetidas en la historia es *la oración de Jesús.*

La dijo por primera vez el ciego de Jericó:

"Jesús, Hijo de David, ten piedad de mí" (Lc 18, 38).

Es una oración muy sencilla, que nos llega al alma, y que te puede acompañar a lo largo de la jornada. Se sabe que muchos santos de la Iglesia solían repetirla con frecuencia, usando diferentes modalidades:

> *"Señor Jesucristo, Hijo de Dios,*
> *ten piedad de mí y sálvame".*

* * *

Una oración bellísima es la oración del abandono de Carlos de Foucauld (1858 – 1916)

> Padre mío, me abandono a Ti.
> Haz de mí lo que quieras.
>
> Lo que hagas de mí te lo agradezco,
> estoy dispuesto a todo,
> lo acepto todo.

Con tal que Tu voluntad se haga en mí
y en todas tus criaturas,
no deseo nada más, Dios mío.

Pongo mi vida en Tus manos.
Te la doy, Dios mío,
con todo el amor de mi corazón,
porque te amo,
y porque para mí amarte es darme,
entregarme en Tus manos sin medida,
con infinita confianza,
porque Tu eres mi Padre.

*　*　*

Esta es una oración que nos invita al servicio de los demás. La rezan las Misionera de la Caridad.

"Oh, amado Jesús. Ayúdame a esparcir Tu fragancia por donde quiera que vaya.

Inunda mi alma con Tu Espíritu y Vida. Penetra y posee todo mi ser tan completamente, que mi vida entera sea un resplandor de la Tuya. Brilla a través de mí y permanece tan dentro de mí, que cada alma con que me encuentre pueda sentir Tu presencia en la mía.

¡Permite que no me vean a mí sino solamente a Jesús!

Quédate conmigo y empezaré a resplandecer como Tú, a brillar tanto que pueda ser una luz para los demás. La luz oh, Jesús, vendrá toda de Ti, nada de ella será mía; serás Tú quien resplandezca sobre los demás a través de mí. Brillando sobre quienes me rodean, permíteme alabarte como más te gusta.

Permíteme predicarte sin predicar, no con palabras sino a través de mi ejemplo, a través de la fuerza atractiva, de la influencia armoniosa de todo lo que haga, de la inefable plenitud del amor que existe en mi corazón por Ti. Amen".

* * *

EL ACORDAOS

es una de las oraciones más famosas de la iglesia, se cuenta que fue compuesta por san Bernardo.

Acordaos, ¡oh piadosísima Virgen María!, que jamás se ha oído decir que ninguno de los que han acudido a vuestra protección, implorando vuestro auxilio, haya sido desamparado. Animado por esta confianza, a Vos acudo, oh Madre, Virgen de las vírgenes, y gimiendo bajo el peso de mis pecados me atrevo a comparecer ante Vos. Oh madre de Dios, no desechéis mis súplicas, antes bien, escuchadlas y acogedlas benigna mente. Amén.

* * *

Una oración muy bella que conviene rezar a menudo es la Oración de la Paz de san Francisco de Asís.

Señor, hazme un instrumento de tu paz;
donde haya odio, ponga amor;
donde hay ofensa, perdón.

Donde hay duda, fe;
donde hay desesperanza, esperanza;
donde hay tinieblas, luz;
donde hay tristeza, alegría.

Oh Divino Maestro,
que no busque yo tanto
ser consolado como consolar.
Ser comprendido como comprender.
Ser amado como amar.

Porque dando se recibe.
Perdonando se es perdonado.
Y muriendo a si mismo
Se nace a la vida eterna.

* * *

En nuestra oración también podemos tener presente a los Arcángeles de Dios: **Miguel, Gabriel y Rafael**, ellos actúan como guardianes y protectores de la humanidad y también son mensajeros divinos.

El Arcángel Miguel es el defensor de los intereses divinos y su nombre significa *¿Quién como Dios?* Su nombre era el grito de guerra en la batalla liberada en el cielo contra el enemigo y sus seguidores. Es poderosísimo, en lo personal soy muy devota de él y lo siento muy cerca de mí, especialmente en mis grandes batallas. Es representado poniendo el talón sobre la cabeza de Lucifer y traspasándolo con su lanza.

El Arcángel Gabriel es el gran mensajero de Dios y su nombre significa "Fortaleza de Dios". Él tuvo la misión importantísima de anunciarle a la Virgen María que sería la Madre de Jesús. A San Gabriel se lo representa con una vara de perfumada azucena, la que obsequió a María Santísima en la Anunciación que representa la Sublime Pureza Inmaculada de la Madre Virgen.

El Arcángel Rafael es sanador, médico de los enfermos. Su nombre significa *"Medicina de Dios"*, el curó a Tobías, cuando, tocándole los ojos con sus manos, lo libró de las tinieblas de su ceguera. A San Rafael se lo representa con un atuendo de caminante o peregrino, con bastón y cantimplora, y el pez del que se obtuvo la hiel para curar al padre de Tobías

ORACIÓN A SAN MIGUEL ARCÁNGEL

Glorioso Príncipe, San Miguel Arcángel, yo, tu humilde siervo te saludo por intermedio del Sacratísimo Corazón de nuestro Señor Jesucristo, te ofrezco mi amor por el aumento de tu alegría, de tu fortaleza y de tu gloria. Doy gracias a Dios por las bendiciones que Él trae para ti y con el que quiere honrarte y exaltarte a ti por encima de todos los otros ángeles.

Yo especialmente me encomiendo a tu cuidado en la vida y en la muerte. Quédate junto a mí, ahora y siempre, *sobre todo al final de mi vida.*

Tuviste la amabilidad de la consolarme, fortaleccrme y protegerme. Obtuviste para mí un aumento en la fe, en la esperanza y en la caridad. No permitas que me aparte de la fe, ni que caiga en la trampa de la desesperación, ni dar por sentado las buenas obras que realizo y pensar que siempre me encuentro en medio de la gracia de Dios. Obtén para mí el perdón de mis pecados, la humildad, la paciencia y otras virtudes, la perseverancia en el bien verdadero, y la gracia final que me puede dar la gloria a Dios. Amén.

* * *

ORACIÓN A SAN GABRIEL

Dios Señor nuestro, imploramos tu clemencia para que habiendo conocido tu Encarnación por el anuncio del arcángel San Gabriel, con el auxilio suyo consigamos también sus beneficios. Por Jesucristo nuestro Señor. Amén.

* * *

ORACIÓN A SAN RAFAEL

Dios te bendiga, Santo Arcángel Rafael, pues tú eres uno de los siete maravillosos Arcángeles del Señor, que trabajáis día a día por la obra divina. Guíanos en el camino de la sanación, pues por tu intermedio es sólo Dios, el que sana. Tú que caminaste con Tobías, curaste a Tobit, venciste a Asmodeo encadenándolo en Egipto y liberaste a Sara, camina a mi lado, guíame, enséñame y revélame lo que debo hacer.

Te pido especialmente, que por la sabiduría que Dios te ha concedido, y apelando con todo mi corazón a la misericordia divina, que nace del Padre, se expresa en el Hijo y se materializa en el Espíritu Santo; que tengas a bien elevar, sanar, proteger y liberar a (decir el nombre del enfermo) que tanto lo necesita. Bendice especialmente sus medicamentos, y a los médicos que lo asisten, para que guiados por la fuerza vivificadora del Espíritu Santo la salud habite en armonía en ese cuerpo, ese espíritu y esa alma de nuestro Señor. Amén.

HIMNOS DE LAUDES
AL SANTO ÁNGEL DE LA GUARDA

Ángel santo de la guarda, compañero de mi vida, tú que nunca me abandonas, ni de noche ni de día. Aunque espíritu invisible, sé que te hayas a mi lado, escuchas mis oraciones y cuenta todos mis pasos.

En las sombras de la noche, me defiendes del demonio, tendiendo sobre mi pecho tus alas de nácar y oro. Ángel de Dios, que yo escuche tu mensaje y que lo siga, que vaya siempre contigo hacia Dios, que me lo envía. Testigo de lo invisible, presencia del cielo amiga, gracias por tu fiel custodia, gracias por tu compañía.

En presencia de los Ángeles, suba al cielo nuestro canto: *gloria al Padre, gloria al Hijo, gloria al Espíritu Santo. Amén.*

~~~

LA RUEDA DE LA VIDA PARA CONOCERTE

¿Eres de las personas que piensa que la felicidad se puede medir? ¿Crees que eres una persona feliz en todos los aspectos y dimensiones de la vida?

Déjame que te cuente... La rueda de la vida, es un instrumento que utilizamos *los coaches* profesionales para evaluar los niveles de felicidad, es decir qué tan plena y contenta está una persona en las ocho áreas de su vida (y la de todo ser humano).

¿Te acuerdas de la época de las famosas fotos instantáneas? Pues bien, hacer una evaluación de tu nivel de felicidad o contentamiento (como lo llamo yo) con la rueda de la vida, es lo mismo que tomarte una instantánea. En el mismo momento en el que terminas el ejercicio puedes darte cuenta por ti mismo qué tan feliz eres.

Es decir, la rueda de la vida evalúa el *"aquí y ahora"* de tu felicidad o contentamiento.

Éste es un ejercicio muy simple, que consiste en tomar una hoja en blanco, dibujar un círculo y dividirlo en ocho partes. Esas partes son: Carrera, Dinero, Salud, Amigos y Familia, Romance, Crecimiento Personal, Diversión y Recreación y Ambiente físico.

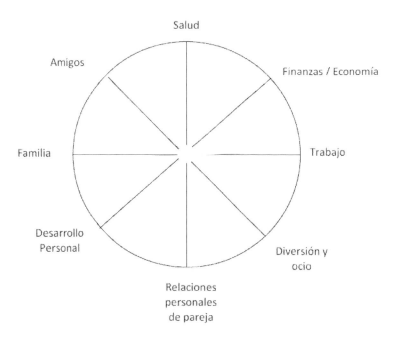

Por supuesto, que hay casos en los que cada cliente puede agregar a su rueda más secciones si así le parece. Por ejemplo, yo tengo clientes que frecuentemente agregan a su rueda la espiritualidad o vida interior.

Puedes imaginarte a la rueda de la vida como una sabrosa torta blanca que estás por compartir con tus amigos y que a la vez va a ser dividido por ti para que cada quién obtenga su porción.

Cada pedacito de torta debe ser numerado del uno al diez en cada una de las áreas que dan felicidad a la persona. Siendo el uno, menor felicidad y diez mayor felicidad o plenitud. La evaluación de dentro hacia fuera.

En esta rueda de la vida el cliente tiene que trabajar en sus áreas de romance y carrera para incrementar su nivel de plenitud. Pues la ausencia de esos dos elementos no le da el balance a su vida que cada uno desea y es esto lo que produce descontento o ser menos feliz.

Lo más importante al realizar la rueda de la vida es que puedas darte cuenta de forma inmediata de cómo está tu vida actual y tomar la decisión de empezar a trabajar en esa área.

Es parecido a lo que muchas personas hacemos cuando llega el año nuevo, buscamos un propósito que nos lleve a estar un poco mejor con nosotros mismos.

Con este instrumento identificas, re-estructuras, creas una intención y actúas.

La rueda de la vida idealmente tiene que mostrar balance, equilibrio entre todas sus áreas. Por supuesto que ninguna rueda será perfecta, pero puede irse balanceando en la medida en que empiezas a hacer mejoras intencionadas para tu felicidad. La rueda de la vida es un ejercicio excelente para incrementar tu propio nivel de consciencia semanalmente y diseñar tu semana de manera estructurada, de forma que tu vida sea vivida con intención, movimiento y plenitud.

Conocerse a sí mismo es como cultivar una vida interior cuyo resultado es el crecimiento humano, la expansión de la conciencia, el desarrollo de la intuición y de la compasión. La verdad es que para lograr el desarrollo de todas estas habilidades tienes que comunicarte con tu ser interior.

Esto es lo que llamábamos "desarrollo personal" y que hoy se ha consolidado en una disciplina extraordinaria: el *coaching*, orientado a que la persona se conozca hasta la raíz para poder llegar a ser la mejor versión de sí misma y así lograr todas sus metas ¡y ese sentimiento tan importante que se llama felicidad! O contentamiento como me gusta llamarlo a mí.

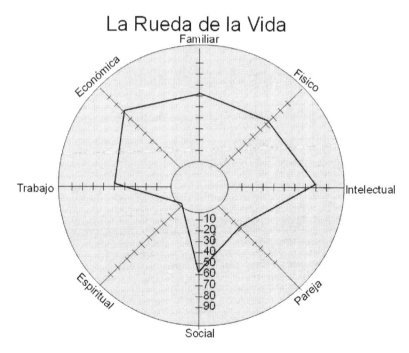

OTROS TIPS PARA CONOCERTE

Ahora ha llegado el momento de que te conviertas en tu propio *coach* para aplicar lo que acabas de leer. Sigue los siguientes pasos:

• Conócete por medio de la reflexión. Lee la biografía de alguien que admires, haya sido un gran humanista o tenga características de personalidad que quieras adquirir. Cuando leas algo que te llame la atención relaciónalo contigo y pregúntate: *¿Qué hay de similar en esto con mi propia historia? ¿Qué descubro? ¿Por qué admiro a esta persona y cómo estoy aplicando sus cualidades a mi vida?*

• Conócete por medio de la exploración. Me refiero aquí a aprender cosas que tal vez nunca te has planteado, como usar colores diferentes en tu vestuario, ir al cine solo, aprender un nuevo idioma. Lee intencionadamente la historia de Dora la exploradora y ubica los principios que la hacen ser una exploradora. Conviértete en un explorador de tu propia vida. *Sé curioso.*

• Elabora una visión de ti mismo. Específicamente, la visión de tu yo futuro. *¿Cómo serás dentro de 25 años? ¿Qué cosas habrás logrado? ¿Cómo será tu personalidad?*

• Descubre el poder de la intención. Se trata de dar aquél o aquellos pasos necesarios para poder realizar un sueño o los sueños que tengas. Sin intención nadie llega a ningún lado. Por ejemplo: ¿Cuál es tu intención al leer este libro? ¿De qué forma aplicarás los conocimientos adquiridos? ¿Cuándo lo harás?

• Sé paciente con los desafíos, porque ellos son los que te ayudan a profundizar tu propio conocimiento, a descubrir lo fuerte que eres; qué tanto estás comprometido con lo que sueñas; a qué estás dispuesto para conseguir lo que deseas.

• Haz alianzas. La más importante: contigo. Si dices: *"me voy a levantar todos los días a las 6 a.m. para hacer ejercicios"*, respeta lo que te has prometido. La palabra dada y sostenida hacia uno mismo tiene más fuerza de fortalecimiento de carácter que cualquier otra cosa que intentes hacer. Quien no respeta las alianzas que hace consigo mismo no respetará todas las demás.

~~~

EL ESPEJO

*El hecho de conocerte
le da un sentido
y un propósito a tu vida,
pues te conecta con la parte
más profunda de ti.*

REFLEXIONA Y EXPLORA

Ciertamente, la religión puede ser una gran vía de autoconocimiento, pero hay otras formas de inspiración que también pueden servirte para que te conozcas: pasar momentos en contacto con la naturaleza; tomar clases de pintura y empezar a hacer tu autorretrato o simplemente ampliar cada día tu mirada para encontrar lo sagrado que se esconde en las cosas más simples de la vida: el beso que le das a tu cónyuge, la caricia que le haces a tu perro, el trato que le das a un desconocido en la calle...

Todas estas situaciones son oportunidades de verte a ti mismo y formas válidas para iniciarte en el apasionante camino de tu propio conocimiento como alguien original y único.

Ser único e irrepetible quiere decir que todos y cada uno de los habitantes de este mundo podemos encontrar nuestra forma personal de inspiración.

Algunos de mis clientes la encuentran en su iglesia, otros en la oración o la meditación; hay quienes se inspiran por medio de la lectura de un buen libro espiritual y quienes lo hacen escalando montañas o sencillamente amando. ¿Qué es lo mejor para ti? ¿Lo sabes ya?

Empieza a explorar las secciones de libros de reflexión o inspiración en las librerías de tu ciudad. Empieza a confiar y desarrollar tu intuición; quizá te animes a leer libros de poesía que jamás te hubieras planteado leer. La poesía es una de las mejores maneras de explorar el área del autoconocimiento. ¿Qué tal *Veinte poemas de amor y una canción desesperada* de Pablo Neruda?

Si sabes que te inspiras mejor a través de la religión, investiga aquellos libros que puedan ayudarte a profundizar tu fe. Comienza a construir tu propia biblioteca de recursos espirituales.

¡Lo disfrutarás tanto como lo he hecho yo!

CONVIÉRTETE EN UN VISIONARIO

Todas las épocas han gozado de personas que tienen la capacidad de ver situaciones, empresas, movimientos, ciudades enteras surgir a partir de una idea, de un sueño o de una visión. Esto es algo que se da cuando una persona está en silencio, en profunda meditación u oración; o algo que se da cuando una persona es muy inteligente y simplemente ha nacido para crear o inventar algo.

Entre algunos casos actuales tenemos a Oprah Winfrey, quién después de muchos años de ser presentadora de televisión en los Estados Unidos creo su propio canal llamado OWN, con este canal ella inspira a miles de personas a superarse, a lograr sus sueños, a trabajar por un mundo más humano. Por otro lado tenemos al inventor del teléfono inteligente o Apple, Steve Jobs, quién murió recientemente de cáncer y a un jovencísimo Mike Zucker quién invento la red social Facebook.

Pero también tenemos en el área propiamente espiritual al Papa Francisco que se ha convertido en todo un reformador de la Iglesia Católica creando videos originales para llegar a miles y miles de una forma moderna, con un lenguaje que todos comprendemos y una cercanía que ya quisiéramos muchos gozar para ser queridos.

Una visión es un cuadro clarísimo de lo que se quiere lograr en un área particular de la vida. Escucha tu voz interior y confía en lo que te pide.

Encuentra un lugar tranquilo y trae contigo un cuaderno de notas y lápiz para responder a las siguientes preguntas:

• ¿Cómo sería una vida espiritual ideal para ti?
• ¿Qué habilidades espirituales te gustaría desarrollar? (alegría, compasión, perdón, gratitud, esperanza, paciencia, comprensión, etc.)
• ¿Qué te ayudaría a centrarte? ¿Hacer un altar, construir un jardín zen, escuchar música clásica, leer grandes biografías (Gandhi, Mandela, San Agustín)?
• ¿Qué es lo que tiene valor para ti?
• ¿Cómo vives tus valores?
• ¿Puedes verte a ti mismo en una práctica (oración, meditación, canto, lectura, entre otros) que te mantendrá en sintonía con tus valores espirituales?
• ¿Por qué cosas estás agradecido? Planifica comenzar a llevar un diario de gratitud.
• ¿Cuál será el próximo paso en tu vida espiritual?

INTENCIONES

Trata de ser específico con las metas que estableces para tu autoconocimiento y tu plan de acción.

¿Qué necesitas hacer para conocerte mejor?

Considerar aquellas cualidades que quieres desarrollar es importante, pero también lo es tener rituales que se convertirán en una disciplina para ti. He aquí algunos ejemplos que hemos trabajado con mis clientes:

- Levantarse a una hora fija.
- Leer siempre a la misma hora y en el mismo sitio.
- Salir a caminar a diario en contacto con la naturaleza.
- Escribir 20 minutos cada día al salir el sol.
- Ir a un oratorio a platicar con Dios.
- Leer libros de poesía o de grandes maestros espirituales.

Ahora escribe tus metas y, debajo de ellas, sub-metas más pequeñas. Por ejemplo:
Meta: Aprender a tocar una pieza de Mozart en el piano.
Sub-meta: Tomar una clase de piano.

OBSTÁCULOS

Por supuesto que los obstáculos están ahí, ¡siempre! Pero están ahí para que los sortees... Pues bien, ahora mismo es un excelente momento para que te pongas a pensar en aquellas cosas que te están impidiendo avanzar en el camino de tu propio conocimiento y ver qué haces con ellas.

Con lápiz y papel en mano, responde:

• ¿Qué le falta a mi corazón?
• ¿Por qué pienso que es necesario tener una vida espiritual o interior?
• ¿Qué cosas estoy haciendo para sabotear este deseo y por qué?
• ¿Qué me ayudaría a tener una alianza indestructible con este aspecto espiritual de mi vida?
• ¿Cómo puedo cambiar el ambiente físico en el que estoy para que me ayude a conectarme con mi interior?
• ¿Qué puedo hacer ahora mismo para mejorar mi autoconocimiento?

ALIANZAS

Una de las cosas que más pueden ayudarte en tu progreso en esta área es empezar a aliarte con aquellos que te quieren bien.

Puedes formar parte de un grupo dedicado a temas de tu interés, por ejemplo formar un círculo existencial con amigos con los que compartes las mismas inquietudes. Atreverte a ser amigo de personas con las que nunca antes habrías pensado entablar amistad.

Esto va a revelarte mucho acerca de quién eres, si conoces o no tus límites, si sabes lo que toleras y lo que no toleras, etcétera. Pero recuerda:

*"La alianza más importante
es la que haces contigo mismo".*

~~~

¡CELEBRA!

Ahora ha llegado el momento de celebrar todo ese progreso que has obtenido en tu propio viaje de autoconocimiento, el encuentro con tu identidad.

Utiliza la intuición para determinar tu propio progreso y regálate algo especial.

Aquí te doy algunas ideas:

• Planifica asistir a una conferencia de desarrollo personal o anótate para un retiro espiritual.
• Toma un curso de *coaching*.
• Crea un jardín en tu casa y decóralo con esculturas que sean significativas para ti.
• Pasa más tiempo libre con amigos que te inspiren.

CAPÍTULO 3

3.
EL AUTOCONOCIMIENTO ES UNA LLAVE

En el bolso de mano de cada mujer o en la billetera de cada hombre siempre debe estar la llave del autoconocimiento. Es más, puedes no llevar contigo todas tus llaves, pero esta llave en particular es la que te abrirá las puertas del amor, la felicidad y el éxito.

Sin esta llave –suelo explicar a mis clientes– la rueda de tu vida podría no avanzar, carecerías de dirección, albergarías un sinfín de proyectos sin enfocarte ¡y serías una persona llena de indecisiones!

Y tú no quieres eso para ti, yo lo sé.

LA HISTORIA DE ROCÍO

Rocío vino a mí porque quería encontrar al hombre de sus sueños. Era una mujer profesional, con un puesto a nivel ejecutivo de excelente remuneración, muy querida entre su familia y amigos. Pero sus relaciones con el sexo opuesto siempre terminaban mal.

Cuando hablamos, pronto me di cuenta de que Rocío tenía todo tipo de prejuicios en cuanto a su propia belleza. Evitaba a toda costa verse en el espejo, no le gustaba salir de compras y tenía 22 kilos de sobrepeso.

Su padre había abandonado a su madre cuando ella tenía 8 años y ésta le repetía una y otra vez que los hombres solo utilizaban a las mujeres para pasar el rato y que seguramente ella también terminaría sola.

Rocío había hecho de las palabras de su madre una creencia, lo cual le impedía cuidarse físicamente a sí misma, gustarse y prestarle atención a su arreglo personal.

Le pregunté a Rocío hasta dónde estaba dispuesta a llegar para conocer un poco más de su relación consigo misma. Su respuesta inmediata fue: "*¡Para eso he contratado a un coach!*".

Inmediatamente diseñamos una estrategia utilizando los deseos e ideas de Rocío, que puedo resumir en los siguientes pasos:

• La danza de la aceptación personal frente al espejo: todos los días después de bañarse durante 5 minutos.
• Salir de compras acompañada siempre y modelar ante quien la acompañara al probarse la ropa.
• Tener una rutina de ejercicio físico de 40 minutos 4 veces por semana.
• Tomar lecciones de maquillaje.

Al cabo de dos meses de haber implementado este programa en su vida, a la mismísima Rocío se le ocurrió la idea de enviar su solicitud a una agencia de conexiones románticas y apostar con toda seguridad por el amor de su vida. Esto solamente logró hacerlo después de haber hecho una alianza consigo misma al dar el sí a su propio autoconocimiento.

Al momento de escribir estas líneas, *¡Rocío me acaba de anunciar que va a casarse!*

UNA GUÍA HACIA LO QUE TE APASIONA

A lo largo de mi carrera, primero como consejera y después como *coach*, he visto una y otra vez a muchos hombres y mujeres fracasar en sus relaciones o aspiraciones profesionales debido a que dedican poco o ningún tiempo a conocerse.

El conocerse es propio del ser humano, pues el hombre es el único ser racional que existe y no nace sabiendo todo. No pasa lo mismo con los animales, que en muy poco tiempo se vuelven autosuficientes. Por ello la primera función de la inteligencia es conocer y la segunda hacer.

Inteligencia y voluntad forman el binomio que hace único al ser humano y lo distingue de cualquier otro ser vivo.

Conocerte a ti mismo te servirá sobre todo para diseñar tu propio estilo de vida, establecer tus metas y objetivos, vivir con un sentido de dirección claro.

Se trata de que escribas tu propia biografía, y de que esta se halle repleta de anécdotas, sueños, luchas y metas realizadas. En pocas palabras, a través de la propia auto-observación, puedes encontrar qué eres, quién eres y para qué eres, al tiempo que te darás cuenta de cuáles son tus talentos y también tus debilidades, tus mayores cualidades y defectos.

Esto me recuerda otro proverbio chino: *"Ya seas un rey o un presidente, ya seas un halcón o un tímido gorrión, ya seas un ateo o un ermitaño piadoso, mientras no te conozcas a ti mismo sólo serás un presuntuoso o presumido"*.

En otras palabras, mientras no tomes conciencia de esa brújula interna que te guía hacia lo que te apasiona, podrías verte envuelto en proyectos vacíos y metas que no te corresponden, que no son tuyas y, por lo tanto, que no te harán sentir pleno.

Mucha gente vive atrapada en una situación así porque no dedica suficiente tiempo y esfuerzo a descubrirse.

Conocerte a ti mismo es una labor ardua, que requiere una voluntad paciente y férrea, tener ganas de hacerlo y, sobre todo, ser disciplinado para cumplir con las estructuras que facilitarán tu propio viaje de autodescubrimiento (que como todo proceso, no se da de la noche a la mañana).

~~~

EL CUENTO DE LA PISCINA

En el fondo de la piscina de una casa de campo hay un muerto y manchas en la superficie del agua. Aunque todos conocen el verdadero origen del asunto, nadie quiere tomar conciencia del problema. Llaman a un químico para que elimine las manchas de la superficie.

El experto busca los detergentes apropiados y, al poco tiempo, las manchas desaparecen. Pero días después vuelven aparecer. Nuevas llamadas al químico, nuevos detergentes y las manchas preocupantes desaparecen otra vez.

La operación se repite varias veces, hasta que el químico, un poco brutalmente, les dice un buen día a los dueños de casa: *"Señores, sólo hay un remedio realmente eficaz. Hay que armarse de valor: es preciso sumergirse y sacar el muerto de la piscina"*.

Estoy segura de que te mueres de la risa como yo; pero es que la verdad es esa.

Conocerse a sí mismo requiere de mucha valentía, pues para lograrlo hay que estar dispuesto a sacar de la propia vida "los muertos", es decir, los defectos, las malas actitudes, los miedos, los complejos y hasta los vicios ¡que no te ayudan para nada a que brilles!

EL CASO DE MARÍA

Recuerdo a María. La primera vez que vino a verme parecía un pajarito asustado. Su rostro marcado por las huellas del dolor y la angustia, mostraba un leve moretón. María todo el tiempo miraba hacia el suelo y en su mirada podía verse un tremendo vacío.

Cuando le expliqué las diferencias entre una consejera y una *coach*, inmediatamente María respondió: *"Sólo sé que debe de haber algo más que todo esto que estoy viviendo."* Entonces, sin ella notarlo, su mirada se levantó y su cuerpo recobró la postura. *"Deseo saber quién soy, para qué sirvo y qué quiero para mi vida",* dijo.

No me quedaba la menor duda, tenía frente a mí a una candidata perfecta para el *coaching*, pues María ya estaba cansada de vivir como vivía y había identificado aquello que no quería para su vida. Ese día hicimos la alianza y diseñamos la estrategia que la llevaría hacia la recuperación de su valor, autoestima y merecimiento.

En el proceso aprendió a conocerse, a encontrar lo que quería y, sobre todo, a darse cuenta de que podía y debía ser feliz.

Éste es el programa que siguió:

- Reserva 15 minutos todos los días para estar en silencio.
- Escoge la lectura de un libro que te ayude a ahondar más en tu naturaleza, por ejemplo: *In the wings of self-esteem (*sólo en inglés) o mi libro *Sanando tu autoestima.*
- Trasciende tu dimensión emocional y busca desarrollar tu espiritualidad por medio de la meditación o la oración.
- Lleva un diario de autoestima y escribe sobre tus defectos, inseguridades, talentos. Observa cómo va cambiando tu relación con cada uno de esos aspectos a medida que fortaleces tu núcleo interior.
- Elabora una serie de tarjetas afirmativas como esta: y llévalas contigo siempre. Utiliza tu creatividad para crear tus propios mensajes.

Después de implementar y realizar cada una de estas actividades durante tres meses, María adquirió el valor para dejar a un hombre que abusaba de ella y la maltrataba; se encontró con que tenía infinidad de talentos y descubrió en qué lugar habitaban sus inseguridades, además de detectar sus defectos.

Finalmente, todo esto le sirvió para incluso aprender a manejar sus finanzas.

EL ESPEJO

María se independizó y compró su propia casa. Hoy es una mujer segura de sí misma, que se conoce, sabe lo que vale, lo que quiere, y ejerce su derecho a ser feliz.

Como ella, también tú puedes utilizar esa llave del autoconocimiento *que ya posees* y que te abrirá cuatro puertas más para fortalecerte humanamente.

¿Te gustaría conocerlas?

CAPÍTULO 4

"Nuestro mayor temor no consiste en no ser adecuados. Nuestro mayor temor consiste en que somos poderosos más allá de toda medida. Es nuestra luz y no nuestra oscuridad lo que nos atemoriza. Nos preguntamos: "¿Quién soy yo para ser brillante, espléndido, talentoso, fabuloso?". Pero en realidad, ¿quién eres tú para no serlo?"

Nelson Mandela

4.
LAS CUATRO PUERTAS
para fortalecerte

Todos los días escucho historias en mi consulta de *coaching*, además ya te he contado que doy conferencias y tengo columnas de preguntas y respuestas en diversos periódicos y revistas del mundo. Y es esto, mi exposición a tantas personas y la oportunidad que ellas me brindan al confiarme su corazón, lo que me ha llevado a identificar lo que yo llamo "las cuatro puertas para fortalecerte interiormente", cuatro puertas que desde mi punto de vista es imprescindible no dejar cerradas, hacer todo lo posible por abrirlas y, mientras más joven lo hagas, mejor.

Una de las funciones más importantes del *coach* consiste en dar apoyo al crecimiento personal de sus clientes respecto de estas cuatro puertas: la identidad, la autoconfianza, los valores y el deseo innato de ser feliz. Veámoslas una por una.

*"Empéñate en encontrar
quién eres
lo más pronto posible".*

Sheila Morataya

PUERTA 1

La identidad

Ahora quiero hablarte sobre la identidad. Desde un punto de vista sociológico la identidad es un conjunto articulado de rasgos específicos de un individuo o de un grupo. Por ejemplo: mujer, cabello oscuro y corto, 60 kg, 1,70 mts., casada, católica, estadounidense, coach, etc., etc. Pero debemos tener en cuenta que la identidad es un concepto ***compuesto, dinámico y dialectico.***

A continuación explicaré brevemente a qué me refiero con estas tres características.

Compuesto porque cada cultura transporta valores e indicadores de acciones, de pensamientos y de sentimientos. La identidad está relacionada con la cultura y limitada por ella. Es la síntesis que cada uno hace de los valores, sentimientos, acciones (por ejemplo la religión, la ideología, la procedencia territorial, etc.) transmitidos por la cultura a la que pertenece e integra a éstos valores, sentimientos y acciones según sus características individuales y su propia trayectoria de vida.

Dinámica porque si bien está ligada a los elementos que se repiten continuamente y que nos parecen permanentes (por eso nos nombramos "yo soy"), las ideas y los sentimientos cambian según las transformaciones del contexto social, institucional, vital en el cual vivimos.

Por ejemplo: si somos adultos no pensamos igual respecto a los superhéroes como cuando éramos niños, o no pensamos igual respecto a nuestros padres como cuando éramos adolescentes.

Nuestra identidad a lo largo de nuestra vida, es constante y a la vez que cambiante.

Finalmente, la identidad es **dialéctica** ya que la construcción de la misma no es un trabajo solitario e individual. Se modifica en el encuentro con el otro cuya mirada tiene un efecto sobre ella (cómo cuando hablamos del Estadio del Espejo según Lacan). La identidad es siempre un juego de influencias con los otros.

En un constante movimiento de ida y vuelta, los otros me definen y yo me defino con relación a ellos. Uno es definido a través de mensajes verbales y no verbales, es decir, a través de lo que me dicen, por ejemplo: *"Eres un buen niño",* como a través de la ropa que elegimos ponernos. Esta definición puede ser positiva o no.

Pero entonces, ¿qué significa tener identidad? Tener identidad significa ser alguien, distinto de todos los demás, único, irrepetible, original. Dentro de esta filosofía no cabe pensar en que la identidad me da la belleza, la inteligencia, la posición social, los diplomas en la pared.

La identidad es esa experiencia profunda y viva que yo tengo de mi *yoeidad*, este *soy yo* hasta la raíz: salvadoreño, apasionado, comprometido, soñador y filósofo, por ejemplo. Y es que el territorio geográfico donde se ha nacido tiene mucho que ver para la formación de la identidad, del cómo se va a salir a vivir al mundo, recibirlo y contribuir al mismo.

Por eso dicen que cuando uno se mueve de un país a otro, la autoestima sufre tanto, porque prácticamente el que emigra se arranca de raíz y tiene que re-plantarse en otro país, otra cultura, con costumbres e incluso con otra lengua y desde allí, con esas nuevas raíces expresar una bisoña idea.

Al escribir todo esto viene a mi memoria el cuento de *El patito feo* de Hans Christian Andersen.

Me gustaría recordártelo con mis propias palabras.

~~

EL PATITO FEO

"... pero los ojos están ciegos, es necesario buscar con el corazón". El Principito.

El cuento relata que entre todos los patitos, éste era el más grande y también el único feo. Desde muy pequeño se vio rechazado, menospreciado y humillado por sus hermanos, sus amigos y hasta su propia mamá.

Todo ello le impedía al patito feo conocer en realidad quién era, pues vivía asustado, sintiéndose poca cosa e inseguro de sí mismo para poder defenderse.

Un día, estando de paseo, miró unas aves muy hermosas y se sintió al mismo tiempo sobrecogido por una extraña tristeza, la misma que acompaña a las personas que tienen baja autoestima y se sienten rechazadas por los demás.

El patito feo había sido tan humillado, torturado y prácticamente abandonado a su propia soledad, que expresó las siguientes palabras al ver aquellas aves maravillosas: *"Volaré hacia ellas, hacia esas aves regias y, sin duda, me destrozarán. Pero no me importa; prefiero que me maten ellas a que me muerdan los patos, me piquen las gallinas, me pateen las mujeres que las cuidan o tenga que sufrir otro invierno de tanta miseria".*

El patito feo dijo todo esto convencido de su propia

fealdad y de que en realidad era preferible morir entre las garras de esas extraordinarias criaturas a seguir dejándose maltratar por los patos. Al dirigirse a ellas exclamó desde el agua: *"¡Matadme si queréis!"*, al tiempo que inclinaba la cabeza en la superficie del lago.

Entonces, al mirar el reflejo, que era el suyo propio, de repente se encontró con una identidad nueva; en realidad estaba frente a él mismo, el que siempre había sido, pero por su propia ignorancia de conocer quién era en el mundo de las aves había perdido gran parte de su vida, pues en lugar de haberse dedicado a conocer quién era, se había conformado con ser el patito feo.

La pregunta sobre *qué significa tener identidad* bien puede responderse desde esta historia tierna y llena de verdad. Según mi lectura, el cuento nos coloca frente a la historia del mismísimo Hans Christian Andersen, que de niño fue maltratado y víctima de burlas de sus compañeros de escuela. ¡Andersen, quien después llegó a ser uno de los más maravillosos cuentistas de la literatura y autor de *El patito feo*!

Pero permíteme continuar con el tema de la identidad, que no sólo es única para cada persona, sino un misterio para la persona misma y para los otros.

Sin embargo, es un misterio que toda persona debe resolver por sí misma, por su propio bien, para poder realizar sus metas y lograr vivir con plenitud. Y ¿qué significa tener identidad?

Para Eduardo Terrasa, Profesor de Antropología en la

Universidad de Navarra, significa ser alguien singular, distinto de todos los demás, inconfundible: *un original.* Conocer tu identidad te permitirá saber que en verdad tu naturaleza es única y puedes hacer de tu vida algo maravilloso, siempre y cuando, por supuesto, estés abierto y comprometido con tu propio autodescubrimiento.

La identidad nos habla de la vivencia personal que tiene cada persona consigo misma. Este soy yo y no otro. Ser yo se siente de esta manera, y como yo único y original amo muy a mi estilo. Encuentro que mi propósito y mi experiencia de vida se puede parecer a la de alguien más, sin embargo lo que hago y mi voz son experiencias absolutamente únicas e irrepetibles.

En la medida en que cada persona vaya profundizando esta noción de ser única y conociendo el sentido de ser quien es, todo lo que haga irá adquiriendo su propio sello y siempre lo hará con un sentido de seguridad muy profundo.

Es la percepción que tenemos de nuestra propia identidad la que organiza nuestras creencias, nuestras capacidades y nuestros comportamientos en un mismo y único sistema. Nuestro sentido de identidad se relaciona asimismo con la percepción que tenemos de nosotros mismos en relación con los sistemas mayores de los que formamos parte, determinando nuestros sentidos de función, propósito y misión.

De esta forma las percepciones de la identidad están relacionadas con preguntas tales como:

¿Quién soy yo? ¿Para qué existo? ¿Cuál es mi misión?

¿Cómo puedo encontrar el sentido de mi vida?

Robert Dilts explica que clarificar la "estructura profunda" de nuestra identidad nos permite expresarnos aún más plenamente en el plano de nuestro comportamiento. Hacerlo implica:

- Descubrir y clarificar la dirección de nuestra vida.
- Gestionar la delimitación entre "yo mismo" y "los demás".
- Tener claro qué creencias nos apoyan y cuáles nos limitan.
- Expandir nuestra noción del "yo mismo".
- Incorporar nuevas dimensiones del ser.

~~~

(Coaching, Robert Dilts, Barcelona, Urano, 2004, p. 183)

EJERCICIO DE AUTODESCUBRIMIENTO
El atrapasueños

El atrapasueños —o cazador de sueños— es un objeto creado por los indios norteamericanos en las décadas del 60 y 70. Consiste en un aro de madera (tradicionalmente de sauce) con una red floja en su interior y está decorado con plumas.

Tradicionalmente los indios Ojibwa construían los atrapasueños atando hebras alrededor de una argolla circular (o con forma de lágrima) para formar una red similar a una telaraña. Según sus creencias, este instrumento tiene el poder de filtrar los sueños de las personas: los "buenos sueños" pasan por el centro hacia la persona que duerme, mientras que los "malos sueños" son capturados en la malla y se desvanecen con el primer rayo de luz del amanecer.

Ahora te invito a que hagas una lista de los sueños y deseos que tienes para tu vida. Escribe acerca de todo aquello que tu corazón te pide. No tengas miedo de poner en el papel todo lo que escuches y sientas que te dicta tu interior. Escribe todos los deseos y sueños en cada una de las áreas de tu vida: amor, carrera, familia, espiritualidad, amigos, dinero, recreación.

Recuerda que la vida escucha y responde, pero para que te responda primero tienes que saber qué quieres.

Después que hayas escrito todos tus sueños, pega tu lista en un lugar visible y léela con cierta frecuencia. Pon un asterisco al lado del sueño realizado cada vez que uno se cumpla.

Te aseguro que llegarás a sentirte realmente poderoso cuando empieces a materializar todo aquello con lo que sueñas. ¡Los sueños sí se hacen realidad!

~~~

Mis pensamientos privados

Ahora escribe sobre todas aquellas cosas privadas y personales que no quieres que nadie lea. Pon lo escrito dentro de un sobre y séllalo.

¿Cómo te has sentido al hacer este ejercicio?
¿Qué descubriste sobre ti que no conocías?

~~~

Tu biografía se llama tu nombre…

¿No te queda clara la frase anterior? Piensa por un momento, a la pregunta *"¿quién soy yo?", ¿qué respondes?*

Después de más de veinte años de escuchar historias, dictar conferencias y leer todo tipo de tratados filosóficos inaccesibles para la mayoría de la gente, afirmo que tu identidad o ese *quién soy yo* se responde con el sonido de tu nombre.

Cuando alguien te pregunta cómo te llamas, te está preguntando quién eres. Por ello es tan importante que te detengas unos instantes y te repitas a ti mismo en este momento tu nombre que añade una novedad a la existencia del mundo y posee un valor irrepetible.

COACHING
para descubrir tu identidad

"La historia personal de cada uno es la historia de la realización de su propia identidad, la historia de su respuesta a la llamada de Dios. Esta llamada es la que hace que el hombre sea un ser radicalmente histórico".

Eduardo Terrasa

Pregúntate quién eres. Responde en voz alta con tu nombre. ¿Qué sentimientos, sensaciones o imágenes pasan por tu mente al momento de decir tu nombre?

Tu nombre quiere decir que eres un ser biográfico. Tú y yo podemos tener biografía. ¿Qué quiere decir esto? Simplemente, que no acabamos de hacernos nunca, porque siempre podemos ir más allá.

Y puedes ir más allá precisamente por tu capacidad de ser productivo y conmover todo lo que te rodea, lo cual conlleva también la responsabilidad de cuidar tus acciones, ya que no solamente tienen efectos sobre otras cosas (es decir, no son solamente productivas), sino que también te modifican a ti y perfeccionan tu propia naturaleza o la degradan.

Por eso en tu nombre está tu identidad, tu potencia, tu singularidad y originalidad, tu amor y todas tus acciones, es decir, las manifestadas desde ese nombre, que te elevan o te empequeñecen. Todos vamos escribiendo nuestra propia biografía todos los días con el uso de nuestro nombre. ¿Cómo vas escribiendo la tuya?...

Para el célebre filósofo Aristóteles, la identidad es potencia y acto. Expresas tu identidad con cada una de tus acciones, con los pasos que vas dando para crear y recrear tu vida y provocas cambios en el mundo de una manera diferente a como lo hacen los demás. A medida que creces vas descubriendo que eres un ser único en el universo, con la capacidad de pensar, reflexionar, decidir, ser y crear.

~~

EL CASO DE MARISOL

Marisol vino a verme cuando tenía 21 años. Había llegado a los Estados Unidos a la edad de 15. Su niñez y adolescencia no habían sido felices. Su papá era un alcohólico y su mamá la maltrataba.

Marisol se había convertido en líder de un grupo de jóvenes cristianos, pero esto no evitaba que siguiera cayendo en relaciones amorosas que siempre la dejaban con la autoestima destrozada y la alejaban de su identidad.

Para aceptarla como *coachee* (cliente de *coaching*) le hice una solicitud: tenía que estar sola, sin novios todo un año.

Con seguridad me dio un rotundo "sí" y eso marcó nuestra alianza. La acompañaría en el camino de su propio rescate.

El plan que diseñamos incluyó los siguientes pasos:

• Establecer un compromiso consigo misma y no tener novio por un año.
• Hacer un trabajo sobre su autoestima a través del uso de varios recursos, por ejemplo, la lectura del libro *Reviviendo a Ofelia* de Mary Pipher.
• Mantenerse enfocada en sus estudios.
• Aprender a tocar un instrumento o tomar clases de baile.
• Salir a cenar una vez a la semana con sus padres.

Marisol implementó todas estas actividades en su vida. Al cabo de tres meses, su autoestima se había visto completamente fortalecida. Le encantaba estar a solas consigo misma, salía de paseo o al cine y la relación con sus padres ¡había mejorado favorablemente!

PUERTA 2

Autoconfianza

"La vida se encoge o se expande proporcionalmente al valor que tengamos".

Anaïs Nin. Escritora

Recuerdo que hace muy poco, en una conferencia impartida en San Francisco, se me acercó una joven profesional muy interesada en dedicar su vida al servicio de otras mujeres en el área de la autoconfianza.

Me preguntó si había alguna forma de conocer si una estaba realmente capacitada para dirigir a otros cuando no se estaba muy segura de la propia autoconfianza.

Mi respuesta inmediata fue:

"Vas a impactar y poder liderar a otras mujeres en la medida en que vayas identificando, trabajando y superando tus propias inseguridades. No se causa mayor impacto sino como con el propio ejemplo".

Transmitir autoconfianza a toda persona que se ha acercado a mí ha sido una constante en mi vida profesional. En cualquiera de mis libros, artículos, entrevistas, colaboraciones en radio, televisión, prensa, en todas mis charlas grandes o pequeñas, en mi consulta privada... ¡todo el tiempo! Todo el tiempo ha estado presente la mirada de confianza para aquella persona que se me acerca con inquietudes para influir en los otros. ¡Todos tenemos ese potencial!

Pero ¿cómo se identifican, trabajan y superan las propias inseguridades? Esta pregunta me la hacía recientemente una clienta.

Puedo proponer tres vías:

• Volver a la niñez
• Gobierna tus miedos
• Relacionarse con algo más grande que uno mismo

~~~

VOLVER A LA NIÑEZ
Crea Nuevas conexiones neuronales

"El trauma es un infierno en la tierra; el trauma superado es un regalo del cielo".

Doctor Peter Levine

Llorando me preguntaba:

"Pero ¿por qué, por qué tengo que volver ahí cuando es un lugar al que no quiero volver, que ya tenía superado? ¿Por qué tengo que recordar cosas que tanto daño me hicieron? ¿Por qué? ¿Para qué?"

Luego siguió un profundo silencio. *"Ahora ya sé porque"*, me dijo Margarita, entonces levantó su rostro y me miró con emoción.

Al decir estas palabras y llorar, pude sentir una enorme liberación, a partir de ese momento tan profundo, catártico y sagrado no tuvo problema en relatarme sus experiencias con su papá y sus compañeros de colegio.

Ambos la hacían sentir "*muy pequeña*" (en sus propias palabras) pues con sus miradas, burlas y críticas la fueron llevando a creer que no era inteligente, ni bonita, ni popular. Sin duda alguna, sentarse frente a alguien desconocido ya siendo un adulto requiere de un acto de enorme valentía pues hay una tendencia a pensar que ya se es adulto y esas experiencias deben haber quedado atrás.

Tristemente, no es así. Hay personas que tienen una capacidad de resiliencia extraordinaria, logrando superar experiencias traumáticas y tristes por sí mismos sin mayores dificultades.

Pero hay otras personas, como Margarita, que requieren ser acompañados por otro para lograr encontrarse con el niño herido, pararse frente a frente, mirarlo, comprender lo que le pasa y tomar la decisión de convertirse en una madre cariñosa desde el adulto que ya se es.

La niñez y sus experiencias son una etapa clave para la implantación de las creencias e ideas en la memoria. Ahí mismo se impregnan todas estas experiencia buenas, malas, extraordinarias.

Si se ha sufrido un abandono por parte del padre, esto quedará plasmado en la memoria inconsciente, pues los traumas tienden a almacenarse ahí o por el contrario será un recuerdo muy vivido y consiente, que por ejemplo, estará impidiendo a la persona que lo vive a elegir parejas que siempre lo están abandonando.

El trabajo del Doctor Peter Levine, investigador de trauma y creador del método Somatic® con quién he tenido la oportunidad de formarme, demuestra que con frecuencia las personas que sufren de traumas infantiles soportan síntomas a lo largo de su vida que pueden ir desde la ansiedad, depresión, comportamientos inexplicados hasta distintas enfermedades y dolores en el cuerpo.

Esto me recuerda el caso de una clienta a quién llamaré Chepita. La primera vez que la vi me pareció estar viendo una muñeca de la más fina porcelana pues es pequeña, de formas suaves y finas con un cabello largo, de un castaño claro y brillante, con ojos muy luminosos e inquietos de los que también se advertía una tristeza muy viva.

Chepita tenía una creencia: *"no puedo, no puedo, no puedo"*. Esta frase me la repetía por lo menos tres veces cada vez que nos veíamos. Un día acompañándola con un ejercicio de focusing, una técnica terapéutica utilizada para procesar traumas, Chepita logró encontrar a su niña. Esta niña había presenciado en muchas ocasiones escenas en las que su papá golpeaba a su madre hasta hacerla sangrar. Ella enmudecía, y luego expresaba: *"No puedo ayudar a mi mamá, no puedo, no puedo"*.

Después de un trabajo arduo que ha llevado aproximadamente un año, Chepita ha reconstruido sus conexiones neuronales por medio del restablecimiento de sus creencias sobre sí misma, ejercicios para su autoestima, reestructuración de su pensamiento y de los sentimientos que tiene y ha tenido hacia sí misma.

Semana a semana ha estado muy comprometida con su proceso y ahora es capaz de tener conversaciones con su esposo para defenderse a sí misma con asertividad, abrir y manejar su propia cuenta de cheques, asistir a las juntas de la escuela de su hijo y hacer nuevas amigas. Sin su disposición a volver a su niñez para buscar y encontrar a su niña, esto no hubiera sido posible.

Así es el cerebro, así es la neuroplasticidad.

Gracias a la neurociencia ahora sabemos que podemos provocar nuevas conexiones neuronales para cambiar nuestra realidad, aprender lo que queramos en cualquier edad de la vida. La capacidad de nuestro cerebro, es decir nuestra mente, es tal que nos lleva a conquistar aspectos de nosotros mismos que no conocemos. Para que todo esto se logre, lo único que hace falta es la voluntad, ¿y qué es la voluntad? Es una de las dos facultades espirituales de las que sólo los humanos pueden gozar, la otra es la inteligencia. Es decir, un ser humano sabe que está ejerciendo su voluntad para lograr algo, que algo pase o se cree.

Un ejemplo muy claro y contundente es el de Amy Purdy, una chica norteamericana que a los 19 años de edad contrajo meningitis. Esta enfermedad hizo que le amputaran sus dos piernas, pero no sólo esto, Amy perdió el bazo, su función renal y la audición del oído izquierdo. Un verdadero trauma para una joven de 19 años que tenía todo un futuro planeado para ella. Sin embargo, el trauma es un hecho de la vida pero no tiene por qué definir el destino.

Amy Purdy, después de esta grave enfermedad y al verse sin sus piernas, se planteó dos cosas: *ser víctima o enseñarse a sí misma a volver a caminar*, un deseo que surgió ante su anhelo de poder practicar "snowboarding". En ese instante Amy hizo uso de lo que el psiquiatra vienés Viktor Frankl llama *"voluntad de poder"* y ahora lo sabemos gracias a la neurociencia, que en ese momento nació una nueva conexión neuronal, que la llevo a ponerse implante en las dos piernas y luego utilizar todo el poder de su corteza frontal para lograr que esas piernas funcionaran como propias.

¿El resultado? Logró lo inimaginable, ha logrado 3 medallas de Snowboard en Estados Unidos y en los Juegos Paralímpicos de Sochi en 2014, además se convirtió en la segunda finalista de la competencia "Bailando con las Estrellas" y su experiencia ha sido plasmada en un libro "On My Own Two Feet" ("En mis propios dos pies") que la ha llevado a convertirse en conferencista con un tour titulado "The Life you want" ("La vida que quieres").

En un programa muy reciente de la presentadora de televisión Oprah Winfrey, Amy expresaba que en dos o tres ocasiones ha tenido la sensación de que una gota de agua ha mojado sus pies, cuando vuelve la cabeza para ver su pie, se ha dado cuenta de que en efecto, una gota de agua ha caído. Éste es el poder, la resiliencia y neuroplasticidad de nuestro cerebro.

El cerebro actúa como un *"mecanismo de previsión" que se prepara constantemente para el futuro basándose en lo que ha sucedido en el pasado"* en palabras del Doctor Daniel Siegel, experto en neurociencias e investigador de la Universidad de California.

"¿No sabéis que sois
santuario
de Dios
y que el Espíritu
de Dios habita en vosotros?"

(I Corintios 3, 16)

GOBIERNA TUS MIEDOS

"¿A qué le temes y por qué?"
Susan Jeffers

La autoconfianza es esa habilidad de los grandes líderes que los lleva a ser audaces, a hacer que las cosas sucedan y a expresar su propia voz.

Juana de Arco quién ayudó a Francia a obtener su libertad cuando sólo tenía diecisiete años. Martin Luther King quién pronunciara el famoso discurso *"Yo tengo un sueño"* abogando por la justicia para las personas de color en los Estados Unidos en la década de los sesenta y todo un referente para no tener miedo.

Nelson Mandela que luchó 27 años desde la cárcel de forma pacífica contra la segregación racial en Sudáfrica y que además se convirtió en Presidente de este país después de salir de la cárcel.

La Madre Teresa de Calcuta, fundadora de las Hermanas de la Caridad, quien recogió a indigentes de la calle para que tengan una muerte digna y fue la única monja que ha recibido el Premio Nobel de la Paz por su labor, será canonizada, es decir, será venerada en los altares católicos como Santa en este año 2016 por el Papa Francisco.

Y, el ejemplo más reciente que tenemos, es el de una jovencita a quién conocemos como Malala. A sus quince años en un martes 9 de octubre de 2012 se convirtió en un cordero de Dios y estuvo a punto de pagar con su vida, pues ya a esa edad era activista y abogaba por el derecho de las niñas a ir a la escuela y tener una educación.

Ese día **Malala Yousafzai,** como todas las niñas de su edad, volvía a casa en el autobús de la escuela, platicaba felizmente junto a su mejor amiga, cuando de repente irrumpen en el autobús los talibanes y le dispararon en la cabeza a quemarropa.

Ella es un milagro y la persona más joven, **a sus diecisiete años**, en ser nominada **y ganar el Premio Nobel de la Paz, el cual recibió en octubre del 2014.** Malala es un símbolo global de la protesta pacífica y una inspiración ejemplar para todos aquellos que quieren vivir sin miedo.

~~~

*Supera tus miedos aplicando los derechos
bajo los cuáles estos líderes han vivido.*

¿Por qué estas personas lograron todo esto y otros no? ¿Acaso haber sido traumatizado de niño quiere decir que no puedo llegar a ser grandes cosas con mi vida si ese es mi deseo?

¿Qué creencias tienen en común todos ellos que puedan ayudarnos a las personas comunes (pero únicas e irrepetibles) a lograr superar nuestras inseguridades?

Para esto debes tener en claro 3 cosas:

El derecho a tu dignidad

Eres más que una imagen, hay algo que transciende tu ser. Dignidad es lo que eres gracias a la comunión con Dios, es tu forma de ser con todo lo que eso implica: tus conductas, tu forma de relacionarte, tu manera de implicarte en el mundo. Eres digno, porque eres hijo de Dios y te comportas a imagen y semejanza de Él.

Lo que significa ser persona

El ser humano es la única criatura de la creación que tiene la habilidad para Escoger, habilidad para Transformar, habilidad para Pensar, habilidad para Amar, habilidad para relacionarse con Dios.

¿Quién es Dios?

Existe algo más grande que yo, que me ha dado la vida: Dios, el ser que todo lo creó, el que siempre ha existido y desde Él se nos ha dado la vida a cada uno.

Dios es un ser Creativo y cada uno de nosotros comparte su naturaleza. Los animales y las plantas no lo hacen. Esto le pertenece exclusivamente al ser humano.

Dios existe, es un **Padre Amoroso** y nosotros, como hijos suyos, debemos ser instrumentos de Su paz.

Y ¿Cómo es Dios? *Dios sobre todo es Amor.* Dios es Padre. Dios es Misericordia. Por todas estas características que invitan a la cercanía, a la confianza y a la fe cada uno de nosotros podemos tener en Dios a un amigo y acudir a Él en todas nuestras dudas, sueños y tribulaciones.

EL CLUB
DE LA FELICIDAD

Esto me recuerda la película *The Joy Luck Club* (*El club de la felicidad*), ¿la has visto? Narra la historia de cuatro mujeres nacidas en China y de los abusos y maltratos a los que se ven sometidas.

Con el tiempo emigran a los Estados Unidos y se convierten en madres. Vivir en América significa libertad y esperanza para cada una de ellas; sin embargo, debido a sus traumas infantiles y al poco convencimiento de su valor personal, transmiten a sus hijas inseguridades, confusión y miedos.

Felizmente, por fin se dan cuenta de que su papel era afirmar el valor y la autoestima de sus hijas. Y con mucho esfuerzo, corrigiendo primero ellas sus errores, logran que sus hijas ocupen el lugar que les corresponde ante diversas situaciones que las agobian.

La madre de Lena, por ejemplo, cuando su hija está a

punto de divorciarse y aceptar las condiciones del marido para el divorcio, que prácticamente la dejarán en la calle, aprovecha esa ocasión para hacer una recapitulación de su propia vida, darse cuenta de los errores que cometió y lo que no transmitió a su hija; entonces encuentra el coraje para transmitirle el verdadero sentido de su valor y exhortarla a luchar por aquello que le pertenece después de todos esos años de matrimonio: *"No te mires en mi espejo",* le ruega su madre.

Así Lena encuentra la fuerza para afirmar su propio valor ante su marido y el resultado de eso es que él le pide perdón y, en lugar de divorcio, ¡hay reconciliación!

~~~

EJERCICIO PARA FORTALECER LA AUTOCONFIANZA

Problema: Identifica esa área de tu vida en la que no te sientas una persona diez, es decir, que no estés 100% satisfecha.

Ejemplo: Lograr tener mayor seguridad en mí mismo.

• ¿Qué es lo que quieres hacer aquí?
• ¿De qué modo sabrás que estás mejorando en tu seguridad personal? ¿Cuáles son los criterios de actuación? ¿Cómo lo vas a verificar?
• ¿Qué es lo que harás específicamente para lograr este objetivo?
• ¿De qué forma afectará tu vida el hecho de que logres este objetivo? ¿De qué forma se verán beneficiadas otras personas cuando logres este objetivo?
• ¿Cómo lo vas a celebrar?

BAILE DEL ALMA

Si me preguntas por mi pasión, te lo respondo de inmediato: *"Enseñar a las niñas y a las mujeres a mover su cuerpo"*. Esto lo hago por medio de las técnicas del modelaje profesional, ayudada por la técnica de Alexander que es la que utilizan los actores en Hollywood para lograr una gran presencia escénica.

Cuando enseño los principios de la perfección en la postura, el tono interior, la autoestima, la vitalidad y la experiencia del yo, se interconectan entre ellos, esto es así porque nuestro cerebro es plástico y siempre está creando nuevas sinapsis, conexiones neuronales y memorias.

Cuando desde muy niña aprendes a utilizar tu cuerpo, lo que yo llamo perfección en la postura, aprendes a llevarte a ti misma con una gran confianza y con seguridad de ser bonita, única, preciosa. Pero además moverse meditativamente, siguiendo los impulsos del inconsciente, es una modalidad de lo que Jung llamó "imaginación activa".

Mediante este proceso, el material del inconsciente accede a la conciencia a través de la acción creativa. Esto lo aprendí muy bien en mi escuela de modelaje en los Estados Unidos y no lo he dejado de enseñar nunca en todos los años que tengo de carrera como escritora, consejera y coach de vida.

A AMBOS LADOS DEL ESPEJO

Aprender a llevar el cuerpo, estirar la columna vertebral, llenar y equilibrar el aire dentro de la caja torácica, elevar el mentón y pensar que llevas sobre la cabeza una corona que te obliga a conducirte como una reina, no es algo que se hace en solitario. Necesitas la ayuda de un amigo, el espejo, pues frente a él puedes mirar tu yo, el que existe dentro de ti tanto como el que existe fuera de ti.

Muchas veces las niñas a las que enseño estas clases empiezan a reírse y cubrir sus caritas al verse frente al espejo. Las adolescentes por el contrario, no pueden evitar quedarse clavadas en él para seguir admirándose a sí mismas. Las mujeres adultas presentan una mezcla entre pena, inseguridad, tranquilidad.

El simple hecho de ponerlas frente al espejo es ya una comunicación que cada una empieza a tener en ese mismo instante con la relación que pueda tener, o no, consigo misma. Esta puede ser una relación de asombro porque está maravillada por su belleza, una relación de no gustarse porque quizá se ha pasado por un abuso sexual, una relación de no gustarse porque nadie le enseñó a quererse o una relación de aceptación incondicional por ser quien se es.

¿Cuál es la relación que tienes contigo mismo?

"Cada época tiene sus neurosis y cada tiempo necesita su psicoterapia. Hoy nos enfrentamos con una frustración existencial cargada de una falta de sentido y de un gran sentimiento de vacío. La tendencia radical del hombre busca el sentido de la vida y pretende llenarlo de contenido".

Viktor Frankl

PUERTA 3

Los valores que conducirán tu vida

Mi encuentro con la logoterapia fue mágico, y ahora que soy *coach* puedo hacer un análisis realmente profundo cuando exploro los valores personales de mis clientes.

La logoterapia está considerada dentro de las escuelas humanistas de psicología y su objetivo es ayudar a encontrar a una persona el sentido de su vida por medio del descubrimiento de sus valores.

Viktor Frankl, padre y fundador de la logoterapia, en sus discursos en las universidades solía comentar a los alumnos que la vida no ofrece placeres sino significados, y que por ello la vida es una tarea.

En la opinión del profesor Frankl, la vida tiene un propósito, es *para algo*, y por lo tanto cada persona está llamada y obligada a responder por el sentido de su vida.

Cuando la persona tiene claro el *para qué* de su existencia, su misión en este mundo, las depresiones, frustraciones y crisis de identidad desaparecen.

Cada persona tiene la oportunidad de convertirse en generadora y difusora de valores. Los valores te indican la dirección que debes tomar para conseguir lo verdaderamente valioso que enriquecerá tu vida. Todos, por medio de nuestro propio autoconocimiento, podemos ir descubriendo los valores que nos servirán para afianzar nuestros cimientos y avanzar en nuestro camino de aprendizaje personal.

Esto me recuerda la explicación que daba el doctor Frankl a quienes buscaban ayuda para comprender su vida, sus crisis y desafíos. Él propuso tres clases de valores, que paso a detallarte: *los valores de creación, los valores de vivencia y los valores de actitud.*

~~~

VALORES DE CREACIÓN

Los valores de creación se vinculan con todo aquello que das de ti mismo al mundo y a las relaciones. Provienen de tu personalidad y se manifiestan mediante tus acciones. Son aquellos valores en los que vas dejando tu propia impronta, sobre todo a nivel profesional. Están relacionados con el quehacer productivo, científico, mercadotécnico, la promoción cultural o artística y todas las formas derivadas del trabajo.

Al vivir estos valores de forma comprometida y responsable, vas trazando, fortaleciendo y construyendo un sólido prestigio profesional.

Tal como ha dicho el psicólogo español José Benigno Freire: *"El trabajo profesional se erige en el enclave de la realización de valores, pues normalmente el hombre dedica a su trabajo profesional la mayor parte su tiempo existencial diario".* (*Acerca del hombre en Viktor Frankl*, Barcelona, Herder, 2004, p. 111)

Valores de creación en acción

Un ejemplo sobre lo que acabo de escribir es el de Martha Knight, quien en 1870 patentó una máquina para producir bolsas de papel de fondo plano.

Es también la primera mujer en los Estados Unidos que peleó y ganó un juicio de patentes cuando defendió la suya contra un hombre que había robado su diseño y solicitado la patente correspondiente.

El hombre sostenía que una mujer no habría podido tener los conocimientos mecánicos necesarios para inventar una máquina compleja, pero Knight pudo demostrar su reclamo.

Después de este éxito, desarrolló y patentó varias otras máquinas, incluyendo motores rotativos y herramientas automáticas. Esta mujer además pudo dar trabajo a miles de personas con sus inventos.

Inventario de valores de creación en el trabajo

¿Qué valores encuentras en la historia de Martha?

Haz ahora una lista de valores que tú mismo hayas implementado en tu trabajo, quizá sin darte cuenta real de ello, y que generan que la gente se exprese muy bien acerca de ti como profesional.

Coaching para redescubrir tus valores

• ¿Qué valores quisieras redescubrir?
• ¿Qué te mueve hacia esos valores en particular?
• ¿De qué forma se verá afectada tu vida con la inclusión de estos nuevos valores?

Un propósito concreto podría ser poner más empeño, disciplina y buena voluntad en tu labor profesional.

No es lo mismo levantarse todos los días y decir: *"¡Qué lata ir a trabajar otra vez!",* que decir: *"¡Qué gran oportunidad para seguir creando mi prestigio profesional!".*

* * *

VALORES DE VIVENCIA

Los valores de vivencia o vivenciales son todos aquellos que el hombre recibe de la vida y que lo ayudan a ser feliz. Representan el amor, las emociones y los afectos positivos.

Son los valores que te hacen sentir que estás viva, como el simple hecho de sentir la arena húmeda en la planta de tus pies, la contemplación del mar y el suave movimiento de sus olas frente a ti, o simplemente las caricias de la brisa en tu rostro y en tu pelo. Son experiencias de vida que cada uno recibe y vive como únicas, y de allí que las valore. Vivirlas en toda su belleza y fuerza requiere esa capacidad de asombro muy típica de los niños pequeños.

Tú y yo podemos caminar cada día en el asombro. Recibir lo que el mundo te da para alimentar y nutrir tu espíritu, es propio de triunfadores como tú…

El escritor libanés Khalil Gibrán tiene una frase muy bonita para explicar esto: *"Amar la vida a través del trabajo y las vivencias es intimar con el más recóndito secreto de la vida".*

Cuando vivimos de esta manera, cada acontecimiento, cada vivencia, una puesta del sol, tomarse un café con los amigos, el abrazo del amado, el gesto amoroso de un hijo y los momentos reservados para meditar, todas y cada una de estas cosas te van nutriendo, pues cada una de esas experiencias te descubre que eres una persona, mujer o varón, que puedes sentir, acoger el amor y asombrarte de una forma experimentada únicamente por ti.

El profesor Viktor Frankl lo describe bellamente así:

"Sentía enriquecerse y realizarse interiormente su existencia por la entrega del amor, por la contemplación amorosa, por la vivencia del amor, fuente de realización de valores vivenciales". (*Psicoanálisis y existencialismo,* México DF, Fondo de Cultura Económica, p. 90).

¿Hace cuánto tiempo no recibes de la naturaleza lo que ella te da? ¿Cuánto disfrutas del abrazo de tu esposo e hijos? ¿Has contemplado últimamente la belleza a tu alrededor?

Si no lo has hecho, empéñate en empezar a experimentar en toda su potencia los valores de vivencia.

A partir de hoy, escoge por lo menos un día a la semana

para levantarte al alba. Saluda al sol, respira hondo y siente cómo al comienzo del nuevo día la tierra vibra con intensidad: *se prepara para recibir el día.*

Si tienes pareja hombre, proponte sentir su abrazo; siente sus músculos maravillosos y la fuerza de sus manos masculinas.

La siguiente es una lista de valores vivenciales, puedes ir agregando los tuyos.

- Dar un paseo por la playa. ¿Qué te hace sentir? ¿Cómo te nutre interiormente?
- El abrazo de una abuela. ¿Cuál es la diferencia entre abrazarla a ella y abrazar a una compañera de trabajo? ¿Qué valores te transmite su abrazo? ¿Qué sentimientos te hace brotar?
- El primer beso. ¿Qué te hizo sentir? ¿Cuál es la sensación que quedó en tus labios?
- La noche de bodas. ¿Qué evocas cuando recuerdas el baile de novios?
- Enamorarte por primera vez después de un divorcio, ¿qué te reveló de ti?
- El nacimiento de tus hijos. ¿Puedes revivir la sensación que tuviste la primera vez que viste su rostro? ¿Qué pasó en tu mente? ¿Qué en tu corazón?

VALORES DE ACTITUD

Para Viktor Frankl estos valores explican el modo en que los sujetos adoptan actitudes ante una limitación a la que se ven sometidos en su vida. Es decir, se trata de aquellas actitudes que se asumen ante el dolor, la culpa y la muerte. En el pensamiento de Frankl, esta categoría de valores representa la "tríada trágica de la vida", pues ninguna persona puede librarse de ninguna de estas tres experiencias, que llegan tarde o temprano a la vida de todos.

Aquí cabe que te preguntes:
- ¿Qué tipo de actitudes asumo yo ante el dolor?
- ¿Cuál es mi respuesta cuando pierdo algo valioso para mí?
- ¿Qué hago si mi mejor amiga muere repentinamente en un accidente?
- ¿Qué actitud he tomado después de aquel abuso?

Es decir, los valores de actitud son aquellos relacionados con cómo soportas o respondes a eventos o circunstancias que no has planeado para ti y que llegan de repente a tu vida cual golpe del destino, como la ruina, la enfermedad o un divorcio que no estaba en tus planes.

EL CASO DE CARLOTA RUIZ DE DULANTO

Carlota es una exitosa profesional que trabaja para IB desde 1990 en España. Se casó y tuvo tres hijas. Su tercera hija nació con un derrame cerebral provocado por su nacimiento prematuro.

Acerca de esta experiencia, Carlota relata en una entrevista:

"Toqué fondo, realmente, ese sufrimiento de una madre que acaba de dar a luz a un bebé que no es viable es inexplicable".

Sin embargo, gracias a su fuerza, fe y dedicación, su hija salió adelante y se recuperó; hoy es una niña que goza de excelente salud. Pero no termina ahí la historia de Carlota: su marido murió repentinamente de un infarto al corazón en marzo del 2006.

Ella dice: *"Piensas que ya nada va a ser igual, que nos vas a poder ser feliz"*. Sin embargo, Carlota decidió que sería feliz porque había mucho por hacer todavía: sacar adelante a sus tres hijas pequeñas.

Pero hay algo más que hace de Carlota una mujer ejemplar: está en silla de ruedas desde julio de 1987.

Ella relata su historia así:

"A los veinticinco años y después de acabar mi carrera, me fui a trabajar a los Estados Unidos con el YMCA como monitora internacional en un campamento de niñas en Michigan. Entonces vino un tornado, yo estaba en la tienda de campaña, tratando de protegerme y salir de ella. Sin embargo, nunca pude salir.

Me cayó un árbol encima y me partió las lumbares. Fue otro golpe de la vida para mí que vino a robarme muchas de las cosas que me gustaban, como era bailar, esquiar, hacer deportes. Me quedé parapléjica".

Carlota, a pesar de su condición, maneja su propio coche adaptado a sus necesidades, cuida de sus hijas y es una mujer profesional.

Pese a lo trágica que ha sido su vida, el lema de Carlota es vivir y cantar con ilusión.

Dice:

"Yo creo que lo realmente triste en esta vida sería no saber decir si esas cosas que te ocurren realmente te han ocurrido para algo".

Esta mujer es un ejemplo vivo de aquellos valores a los que Frankl se refería como "valores de actitud". *¿Cómo los vives tú?*

.~~

PUERTA 4

El deseo de ser feliz

"Tomo una decisión: hablar y actuar con pensamientos puros. Entonces, la felicidad se pega a mí como una sombra". Afirmación moderna.

¿Por qué estoy escogiendo a la felicidad como puerta? Porque estoy convencida de que estamos hechos para ser felices y que la vida es ese aprendizaje en la felicidad.

Esto me lleva a pensar en el amor. Sin amor no hay felicidad. Y se trata de ese amor bueno, del que da, que se entrega, ese amor que sacrifica y se sacrifica por los demás.

Como soy única e irrepetible (al igual que tú) quiero escribir lo que yo misma pienso de la felicidad. Te voy a contar un poco mi experiencia y porque hoy soy inmensamente feliz.

No recuerdo ninguna persona que haya venido a verme sin mencionar la palabra "felicidad". Todas las personas queremos ser felices ¡porque estamos hechas para la felicidad!

¿Te has preguntado alguna vez por qué quieres ser feliz? ¿Para qué existen deseos de plenitud en tu corazón? ¿Por qué estás pensando siempre en desarrollarte?

Todo esto es propio de tu naturaleza humana. Hay un deseo espontáneo de ser feliz en todo ser humano.

¿QUÉ ES LA FELICIDAD?

Este es un sentimiento que nos suele ser muy difícil de definir, así como lo es el amor, porque es una emoción que se define cuando lo sientes, cuando lo vives.

La felicidad es algo que transciende: generalmente cuando estás feliz, la gente te dirá que estás radiante. La felicidad nos genera muchísimos beneficios a nivel corporal: nuestro sistema inmunitario se ve influenciado así como nuestro sistema cardiovascular. ¡Nos cambia hasta la piel! Es el mejor antiage del mundo.

Cuando estás feliz tienes más energías, eres más creativo, estás con ganas de hacer esas cosas que te gustan, te sientes aventurero: quieres viajar, experimentar nuevas sensaciones, quieres hacer ese curso de *"Sommelier"* que hace más de 5 años vienes posponiendo.

Mucha gente confunde la felicidad con la manía, y eso no es lo mismo. *La manía "es un estado de alegría excesiva (desproporcionada respecto a cualquier acontecimiento positivo), acompañado de una excesiva actividad física (excitación psicomotriz) y de fuga de ideas."*

Es algo de lo que luego de un mes no recordarás, no es un sentimiento positivo. Cuando eres feliz, es un sentimiento que recordarás, inclusive si ha pasado mucho tiempo (años) y cuando lo recuerdes lo vivirás con alegría.

Con la manía es muy probable que no recuerdes absolutamente nada. Por ejemplo: cuando vas a jugar a las maquinitas tragamonedas al casino, puedes experimentar manía, pero no felicidad. Inclusive podrás observar gente que tira azúcar debajo de la máquina para "atraer la suerte", o que hace la señal de la cruz en la máquina, gente que mientras juega sacude sus piernas, se hamaca, toma mucho café y pierde la noción del tiempo y del dinero que lleva gastado.

Generalmente la gente que sale del casino siente una culpa inmensa por haber perdido tanto tiempo y dinero en algo tan vacío o, en el peor de los casos, quiere volver a pesar de haber perdido todo (y cuando digo todo, me refiero a sus propiedades, autos, campos).

Ser feliz es una decisión: nadie es feliz porque si, como si te estuvieran entregando un regalo. La felicidad se elige, lleva esfuerzo y trabajo, inclusive es muy probable que tengas que cambiar algunas cuestiones en tu vida o renunciar a otras.

Debes tomar decisiones que te costarán y serán difíciles en un principio pero el resultado será increíble.

¡La única persona que tiene la llave hacia la puerta de la felicidad eres tú!

La felicidad es como una puerta que contiene dentro de sí un sinnúmero de puertas.

Una de las primeras experiencias de felicidad que adviertes (aunque sin ser consciente de ello) es cuando aprendes a caminar; ¡todos los niños sonríen al hacerlo!

Luego eres feliz cuando apruebas un examen, cuando te casas con el hombre o la mujer de tus sueños, cuando sales con las amigas y se cuentan los secretos y cuando nacen tus hijos. Todas estas emociones se experimentan en la esfera afectiva, pues el único modo de conocer la felicidad es sentirla en tu propio corazón. Y si lo piensas más detenidamente, en realidad, verás que en cada una de nuestras acciones estamos buscando la felicidad.

Estudias para poder trabajar de lo que amas y ser feliz. Fundas una familia para vivir en comunidad y ser feliz. Perteneces a asociaciones para tener amigos y ser feliz.

*** ~~~ ***

*"Los hombres cultivan mil rosas
en un mismo jardín
y no encuentran lo que buscan".*

El Principito.

POSICIÓN VACANTE
Director de Felicidad

*Coaching de la mente y el corazón
para practicar la felicidad*

Necesitarás un grupo de voluntarios para desarrollar este ejercicio, que toma cerca de dos semanas. Elabora un anuncio clasificado que solicite un Director de Felicidad para Sonrisas-Mart, una empresa que vende felicidad a las personas.

Pásales la siguiente información a tus voluntarios:

"Sonrisas-Mart solicita un director de felicidad para echar a andar el nuevo Departamento de Felicidad y la incorporación de programas que van afectar la felicidad de los empleados y clientes de forma positiva. Los requisitos son: habilidad para hacer reír a las personas, sentido del humor y habilidad para influir en ellas de forma positiva, además de una actitud mental positiva".

Tus voluntarios tienen que prepararse para este trabajo en las siguientes dos semanas, en las que pueden reunirse en el lugar que tú elijas.

En la presentación que traigan consigo deben mencionar que están calificados para obtener el puesto y deben traer ejemplos concretos de la forma en que piensan que cumplen con cada requisito. ¡Te sorprenderá la enorme cantidad de recursos que tiene cada uno para ser feliz!

~~

CUESTIONARIO DE LA FELICIDAD AUTÉNTICA

El siguiente cuestionario es utilizado por la psicología positiva en la Universidad de Pensilvania para evaluar los niveles de felicidad en una persona.

Este cuestionario no te dará aquí respuestas después de evaluarte, pero es un muy buen instrumento para explorar cómo andas con tu felicidad.

Por favor, lee cada grupo de afirmaciones atentamente. Después, elige la afirmación de cada grupo que mejor describa la forma en la que te has sentido durante la semana pasada, incluyendo el día de hoy.

Asegúrate de haber leído todas las afirmaciones de cada grupo antes de realizar tu elección en el menú desplegable que aparece junto a cada afirmación.

A. Me siento como un/a fracasado/a.

B. No me siento como un/a ganador/a.

C. Siento que he triunfado más que la mayoría de la gente.

D. Cuando miro hacia atrás en mi vida, todo lo que veo son victorias.

* * *

A. Normalmente estoy en un mal estado de ánimo.

B. Normalmente estoy en un estado de ánimo que no es bueno ni malo.

C. Normalmente tengo un buen estado de ánimo.

D. Normalmente tengo un muy buen estado de ánimo.

E. Normalmente tengo un estado de ánimo increíblemente bueno.

* * *

A. Cuando estoy trabajando, presto más atención a lo que sucede a mi alrededor que a lo que estoy haciendo.

B. Cuando estoy trabajando, presto la misma atención a lo que sucede alrededor que a lo que estoy haciendo.

C. Cuando estoy trabajando, presto más atención a lo que estoy haciendo que a lo que sucede a mi alrededor.

D. Cuando estoy trabajando, casi no me doy cuenta de lo que sucede a mi alrededor.

E. Cuando estoy trabajando, presto tanta atención a lo que estoy haciendo que el mundo exterior deja prácticamente de existir.

* * *

A. Mi vida no tiene ningún propósito o sentido.
B. No sé cuál es el propósito o sentido de mi vida.
C. Tengo una ligera idea sobre cuál es mi propósito en la vida.
D. Tengo una idea bastante buena sobre el propósito o sentido de mi vida.
E. Tengo una idea muy clara sobre cuál es el propósito o sentido de mi vida.

* * *

A. Rara vez consigo lo que quiero.
B. Algunas veces consigo lo que quiero y otras veces no.
C. Conseguir lo que quiero es algo más frecuente que infrecuente.
D. Normalmente consigo lo que quiero.
E. Siempre consigo lo que quiero.

* * *

A. Tengo tristeza en mi vida.
B. En mi vida no hay ni tristeza ni alegría.

C. En mi vida hay más alegría que tristeza.

D. Hay mucha más alegría que tristeza en mi vida.

E. Mi vida está llena de alegría.

* * *

A. La mayor parte del tiempo estoy aburrido/a.

B. La mayor parte del tiempo ni estoy aburrido/a ni interesado/a en lo que estoy haciendo.

C. La mayor parte del tiempo estoy interesado/a en lo que estoy haciendo.

D. La mayor parte del tiempo estoy muy interesado/a en lo que estoy haciendo.

E. La mayor parte del tiempo me entusiasma lo que estoy haciendo.

* * *

A. Me siento aislado/a de las demás personas.

B. No me siento unido/a ni aislado/a de las demás personas.

C. Me siento unido/a a mis amigos y a mi familia.

D. Me siento unido/a a la mayoría de la gente, incluso aunque no los conozca bien.

E. Me siento unido/a a todas las personas del mundo.

* * *

A. Objetivamente, hago las cosas mal.
B. Objetivamente, no hago las cosas ni bien ni mal.
C. Objetivamente, hago las cosas bien.
D. Objetivamente, hago las cosas muy bien.
E. Objetivamente, hago las cosas asombrosamente bien.

* * *

A. Estoy avergonzado/a de mí mismo/a.
B. No estoy avergonzado/a de mí mismo/a.
C. Estoy orgulloso/a de mí mismo/a.
D. Estoy muy orgulloso/a de mí mismo/a.
E. Estoy extraordinariamente orgulloso/a de mí mismo/a.

* * *

A. El tiempo pasa lentamente en la mayoría de las cosas que hago.
B. El tiempo pasa rápidamente en algunas de las cosas que hago y lentamente en otras.
C. El tiempo pasa rápidamente en la mayoría de las cosas que hago.
D. El tiempo pasa rápidamente en todas las cosas que hago.
E. El tiempo pasa tan rápidamente durante todas las cosas que hago que incluso ni me doy cuenta de ello.

* * *

A. En términos generales, mi existencia puede perjudicar al mundo.
B. Mi existencia ni ayuda ni perjudica al mundo.
C. Mi existencia tiene un efecto pequeño pero positivo en el mundo.
D. Mi existencia hace que el mundo sea un lugar mejor.
E. Mi existencia tiene un impacto positivo, grande y duradero en el mundo.

* * *

A. No hago muy bien la mayoría de las cosas.
B. No hago mal algunas cosas.
C. Hago bien algunas cosas.
D. Hago bien la mayoría de las cosas.
E. Hago realmente bien cualquier cosa.

* * *

A. Tengo poco o ningún entusiasmo.
B. Mi nivel de entusiasmo no es ni alto ni bajo.
C. Tengo una buena cantidad de entusiasmo.
D. Me siento entusiasmado/a al hacer casi todo.
E. Tengo tanto entusiasmo que siento que puedo hacer casi cualquier cosa.

* * *

A. No me gusta mi trabajo (remunerado o no remunerado).
B. Mi trabajo ni me gusta ni me disgusta.
C. En su mayor parte, me gusta mi trabajo.
D. Realmente me gusta mi trabajo.
E. Verdaderamente me encanta mi trabajo.

* * *

A. Soy pesimista sobre el futuro.
B. No soy ni optimista ni pesimista sobre el futuro.
C. Soy algo optimista sobre el futuro.
D. Soy bastante optimista sobre el futuro.
E. Soy extraordinariamente optimista sobre el futuro.

* * *

A. He logrado poco en la vida.
B. No he logrado ni más ni menos que la mayoría de las personas en la vida.
C. He logrado algo más en la vida que la mayoría de la gente.
D. He logrado más en la vida que la mayoría de la gente.
E. He logrado muchísimo más en la vida que la mayoría de la gente.

* * *

A. Me siento infeliz conmigo mismo/a.
B. No me siento feliz ni infeliz conmigo mismo/a.
C. Me siento feliz conmigo mismo/a.
D. Me siento muy feliz conmigo mismo/a.
E. No podría sentirme más feliz conmigo mismo/a.

* * *

A. Mis capacidades nunca son aprovechadas en las situaciones donde me encuentro.
B. Mis capacidades son desaprovechadas de forma ocasional en las situaciones donde me encuentro.
C. Mis capacidades son algunas veces aprovechadas en las situaciones donde me encuentro.
D. Mis capacidades son a menudo aprovechadas en las situaciones donde me encuentro.
E. Mis capacidades son siempre aprovechadas en las situaciones donde me encuentro.

* * *

A. Empleo todo mi tiempo en hacer cosas irrelevantes.
B. Empleo mucho tiempo en hacer cosas que no son importantes pero tampoco irrelevantes.
C. Empleo algo de tiempo cada día en hacer cosas que son importantes.
D. Empleo la mayor parte de mi tiempo en hacer cosas que son importantes.

E. Empleo prácticamente cada momento de cada día en hacer cosas que son importantes.

* * *

A. Si existiera un marcador de mi vida, iría perdiendo.
B. Si existiera un marcador de mi vida, el resultado sería empate.
C. Si existiera un marcador de mi vida, llevaría algo de ventaja.
D. Si existiera un marcador de mi vida, iría ganando.
E. Si existiera un marcador de mi vida, iría ganando por mucha ventaja.

* * *

A. Experimento más sufrimiento que placer.
B. Experimento placer y sufrimiento en la misma medida.
C. Experimento más placer que sufrimiento.
D. Experimento mucho más placer que sufrimiento.
E. Mi vida está llena de placer.

* * *

A. No disfruto mi rutina diaria.
B. Me siento indiferente ante mi rutina diaria.
C. Me gusta mi rutina diaria, pero me gusta salir de ella.

D. Me gusta tanto mi rutina diaria que rara vez salgo de ella.

E. Me gusta tanto mi rutina diaria que casi nunca salgo de ella.

* * *

A. Mi vida es mala.
B. Mi vida no está mal.
C. Mi vida es buena.
D. Mi vida es muy buena.
E. Mi vida es maravillosa.

* * *

Inventario de la Felicidad Auténtica © 2005 Christopher Peterson, Universidad de Michigan. Usado con Permiso.

Siguiendo este link podrás realizar este cuestionario en línea y obtener tu puntuación. ¡Te invito a que lo hagas y ayudes a la investigación sobre la felicidad!

http://www.authentichappiness.sas.upenn.edu/tests/SameOptionDifferentAnswers_t.aspx?id=258

CAPÍTULO 5

"Finalmente somos quienes decidimos lo que nos hace felices y experimentamos su impacto".

Laura Nash

5.
EL BIENESTAR VIENE DESDE ADENTRO
Tú tienes el poder.

Las personas estamos viviendo un momento histórico fascinante: la era de noticias y videos instantáneos en Internet, grandioso para la comunicación, pero precisamente por ello repleto de distracciones.

En el mar de la información nos queda a veces muy poco tiempo para conocernos. Como ya he comentado en páginas anteriores, conocerse a sí mismo es tan importante como comer y dormir, pues el verdadero bienestar viene desde adentro.

Sin embargo, el ritmo frenético de nuestras vidas, la prisa en las comunicaciones, la vida social, los viajes, las presiones para formar una familia, la educación de los hijos y el trabajo en casa van haciendo que nos olvidemos del cultivo de la naturaleza, lo cual lanza a mujeres y hombres a sentir un vacío existencial, depresión, cambios bruscos de carácter, irritabilidad y emociones dolorosas.

EL CASO DE JORGE

Hace algunos años vino a verme Jorge. Estaba cansado de la vida que llevaba; era un hombre que ganaba más de cien mil dólares al año y viajaba asiduamente debido a su trabajo. Jorge estaba casado y no veía en el horizonte ninguna probabilidad de tener hijos.

Su esposa estaba cansada de esperarlo y le había pedido el divorcio. En una de nuestras sesiones de *coaching*, le pregunté: *"Jorge, ¿qué le da sentido a tu vida?"*.

Después de un rato de silencio, exclamó: *"No sé si todo lo que me pasa es porque hasta hoy no me he dedicado a mirar más profundo en mí. Yo veo a mi esposa ir a la iglesia, me invita, pero simple y sencillamente no me interesa. He pensado que hoy, que me ha pedido el divorcio, la podría acompañar para ver si cambia de opinión, pero me sentiría un hipócrita..."*

Entonces le pregunté: *"¿Y... por qué no hacerlo? ¿Qué crees que pasaría en tu vida si empezaras a explorar esa dimensión?"*. Jorge me respondió casi enseguida: *"Creo que empezaría a mirar hacia dentro y conocería la voz de Dios. Sí* –agregó–, *quiero explorar ese camino, ¿qué debo hacer?"*

Jorge sabía perfectamente que debía empezar por acompañar a su esposa a la iglesia. De hecho, fue lo que hizo. Iban todas las semanas, y aunque no sentía nada, le parecía que la gente era muy buena y tenían mucha paz.

*** A los seis meses de nuestro coaching era un hombre nuevo.*** Yo lo he visto saltar de alegría al venir a darme la noticia de que muy pronto él y su esposa se convertirían en padres.

EJERCICIOS DE AUTODESCUBRIMIENTO

Había una vez...

Toma una libreta o un cuaderno de anotaciones y escribe acerca de tu vida o acerca de algún pasaje de tu vida que no comprendas.

Escríbelo tal y como si estuvieras contando un cuento o una historia. Puedes comenzar escribiendo: *"Había una vez..."* o de esta otra forma: *"Cuando era pequeño, me enseñaron..."*. Incluye en tu historia los pasos que tuviste que dar para vencer cualquier obstáculo y lo que esa experiencia te enseñó acerca de ti mismo.

Valores sagrados...

Ahora escribe entre siete y diez valores que dan dirección y equilibrio a tu vida.

Pregúntate si estás viviendo en coherencia con esos valores. Si te encuentras con que tienes que hacer cambios en tu vida, ¿qué cambios harías?

* * *

Recapitulando la sección de valores

Es posible decir que los valores son las puertas hacia el alma.

Tal como hemos visto a lo largo de este libro, auto-conocerse es descubrir aquellos valores que van a sostener tu vida, los semáforos en el camino que te dirán *alto, cuidado* y *adelante*.

~~

TU TAREA

*Tu vida no mejora solo porque sí,
mejora cuando cambias".*
Jim Rohn

Tu tarea es vivir sintiéndote todos los días intensamente vivo. Las personas muchas veces perdemos la dirección o nos quedamos detenidos a un lado de la cuneta del camino. ¡No tiene que ser así! Por eso tu tarea también es encontrar tu propia dirección.

En el cuento *Alicia en el país de las maravillas* hay una escena entre Alicia y el Gato. La verdad es que, de toda la literatura, esta es mi escena favorita para ayudar a alguien a encontrar el sentido de su vida. Alicia está perdida y no sabe qué dirección tomar. En su angustia se encuentra con el enorme y perezoso gato, al que le pregunta: *"¿Puedes decirme qué camino debo tomar desde aquí?"*. *"Eso depende en gran medida de adónde quieres llegar"*, le contesta el Gato.

Es importantísimo para cualquier cosa que te propongas hacer que te empeñes en tener claro qué es lo que quieres, dónde quieres llegar, cuál es la contribución para el mundo que quieres dejar, tu legado.

Sin esta claridad tus días se irán desvaneciendo como las nubes en el cielo y lo que menos quieres es vivir una vida sintiéndote culpable por todas aquellas cosas que no pudiste hacer porque nunca te aclaraste.

Recuerda algunos de los casos de personas que te he dado a lo largo de este libro y cómo la exploración, el encuentro y la puesta en acción de sus valores les han manifestado su grandeza. Ellos tenían claro lo que querían lograr.

En la vida no hay límites para lograr las cosas que se desean; todos los sueños y anhelos del corazón se cumplen. Eso sí, un conjunto de valores sólidos le da sentido a la vida y evita muchas veces tomar caminos equivocados. Los valores son los escudos para la vida, para salir vencedores en cada batalla.

El gran Abraham Lincoln solía responder así a la pregunta de quién fue su abuelo:

"Yo no sé quién fue mi abuelo; me importa mucho más saber quién será su nieto".

~~~

CAPÍTULO 6

"Nadie puede plasmar sobre una página en blanco, algo que no haya vivido "en carne y hueso".

Sheila Morataya

6.
UNA MIRADA A LA CULPA

Al llegar al final de este libro, no puedo más que sentir gratitud en mi corazón por la capacidad de haber escrito en éstas líneas las vivencias de clientes, e inclusive, las propias. Por este motivo, propongo ésta meditación de los diez puntos, para poder realizar un recorrido en las diversas partes del cuerpo que están conectadas con el sí mismo, que plantean sentir-me o, al contrario, no se siente ni me siento ya que hay una gran desconexión con el devenir interno.

Cuando hemos padecido traumas en la infancia, época para conocer la naturaleza del amor; nuestra mente, nuestros sentidos y nuestra alma comienzan un proceso de desconexión del "yo", del sentir, para no vivir con sentimientos de vergüenza y culpa. En este capítulo me referiré a los dos indistintamente.

¿Pero qué es la culpa?

Vamos a tratar de encontrar la respuesta por medio de la siguiente pregunta: *¿Puedes hablar de las partes de ti que no son tuyas y cómo te afectaron en tu forma de ser?*

Por ejemplo: Mercedes nació en un hogar humilde y pobre. Era la mayor de sus 8 hermanos. Ella recuerda cómo veía a su papa golpear a su mamá, cuando está no tenía preparada la comida, luego de que él había llegado de trabajar del campo. *"La agarraba de las greñas"*, me cuenta, *"la desangraba, la aventaba contra la pared. Yo sentía una gran impotencia... vergüenza, culpa por no poder salvar a mi mama."*

Un ejemplo similar es el de Jonás. Él fue un niño al que su madre abandonó alrededor del año y fue a vivir con sus abuelos por un tiempo. Años después, su madre regresó por él, pero sólo para maltratarlo.

"Recuerdo que yo tenía 8 años" me relata. *"Esa noche yo ya estaba dormido y solo sentí los golpes de mi mama por todos lados, me pegaba y me pegaba con una correa. Me sentía como un gusano a quien le echan encima una botella de alcohol, el gusano se encoge inmediatamente y deja de moverse. Así quedaba yo por las palizas de mi madre. Esa noche me dormí llorando. No entendía porque me pegaba así, por qué no me quería, yo pensaba que era porque mi padre la había dejado o porque yo era de piel muy morena, me sentía muy culpable y lleno de vergüenza."*

Al escribir estas líneas debo parar pues mis entrañas se conmueven. He escuchado a tantos niños y niñas que hoy son adultos, algunos muy adultos con todo tipo de estas historias. Esto, inevitablemente, me lleva a recorrer mi propia historia.

¿Cómo se hace presente en mis relaciones esa parte de mí, que no soy yo?

• Al sentirme pequeño o pequeña frente a grupos de personas

• Al tener reacciones muy agresivas cuando alguien no presta atención a algo que yo he dicho

• Al sentirme desaparecer cuando se me hace una pregunta relacionada con mi capacidad profesional: soy culpable de no haber completado mis estudios universitarios, por ejemplo.

• Cuando se me encomienda una tarea y no soy capaz de llevarla a cabo. Me viene un sentimiento como de esconderme o de querer desaparecer.

"Cuando siento vergüenza quiero que la tierra me trague. Cuando siento vergüenza quiero desaparecer, meterme debajo de una mesa. Bajo la cabeza. Miro el suelo."

* * *

Él ha dedicado su vida al servicio de los demás. Cuando tenía 12 años, fue violado por seis hombres que pensaron que lo habían matado.

Le causaron heridas tremendas, a tal punto que debió usar pañales toda su vida desde aquel momento.

En el momento que me relata su historia, no hay lágrimas, no hay expresión en la voz, no hay gestos en la cara. Se adormeció todo su ser, todo su cuerpo, para sobrevivir, para olvidar, enterrando en lo más profundo y lejano de su ser, esa historia de terror que supera a las películas de James Wan y las de Alfred Hitchcock.

Hoy, él vive con culpa todo el tiempo, y esta aparece en el instante en que me narra su historia. Las partes que no le pertenecen, son ese cuerpo que no siente, ese rostro que no expresa y esas emociones adormecidas.

¿Cuáles son esas partes de mí que no son mías y han afectado toda mi vida?

Tu lista podría lucir así:

- Comienzo a actuar tan violentamente como mi papa
- Estoy convencido que soy una persona antisocial
- Me vuelvo sobreprotectora como mi mama
- No soy capaz de emocionarme al recordar mi infancia

Te propongo que elabores tu propia lista, párate frente a un espejo de cuerpo entero. Obsérvate. Reflexiona sobre tu presencia allí, y hazte la pregunta en voz alta: ¿Cuáles son esas partes de mí que no son y han afectado mi vida y mis relaciones con los demás? Ten a tu disposición una hoja de papel, un lápiz y escribe todo lo que reflexiones.

Es muy probable que también puedas sentir sensaciones en tu cuerpo, trata de parar y preguntarte, ¿qué me quiere decir ésta sensación?

Este ejercicio debe llevarse a cabo, en soledad y en silencio. Cuando hayas vaciado todos los contenidos de tu cuerpo, ve y busca un lugar donde sentarte. Lee la lista, presta atención a lo que vayas sintiendo, por ejemplo: puedes leerla de forma tranquila o con mucho llanto.

Pase lo que pase, estará bien. Vas a tener una sensación de serenidad interior y ese será el momento en que vas a quemar esta lista y lanzarás las cenizas al cielo. Esto no garantizará que la culpa desaparecerá para siempre pero sí que en gran medida habrás procesado muchos de estos fantasmas que te han perseguido, que no te han dado libertad para ser contigo mismo y expresarte en tus relaciones evitando la felicidad de amar y ser amado.

El Doctor David Wallin, psicólogo clínico de la Universidad de Harvard y autor de *"El apego en psicoterapia"*, me ayudó muchísimo en un entrenamiento reciente al que asistí con él. Wallin explica que nuestra habilidad para conocer a los demás estará limitada por aquellas cosas que no podemos llegar a conocer de nosotros mismos. Conocemos a los otros con más profundidad en la medida que podamos entrar en los profundo de nosotros mismos y conocernos. Creo que este ha sido mi objetivo al escribir este capítulo.

Definiciones de vergüenza y culpa

En este apartado analizaremos que consideran diversos autores sobre vergüenza y culpa. En uno de sus textos ("Vergüenza y Culpa". Gestalt, psicoterapia y Formación), José Ruiz de la Rosa expresa:

La vergüenza es un sentimiento muy penalizado por la persona que lo padece del que se quiere salir rápidamente, nadie quiere quedarse en él, pasamos por la vergüenza como de puntillas, sin que se note. Con otras emociones, aunque nos fastidien, somos más permisivos, es como si fueran mejor aceptadas, tanto por nosotros mismos como por los demás.

Podríamos definir la vergüenza, como un sentimiento de no tener derecho, de no ser digno de pertenecer a un grupo; su manifestación conductual es la huida y la ocultación. La persona que la padece suele tener una serie de pensamientos denigrantes tales como no sentirse merecedor de..., sentirse malo o despreciable..., etc., que hacen que se sienta inferior a lo que le rodea. ***Las reacciones de vergüenza son respuestas emocionales***, de valoración negativa de uno mismo, de cómo es, de lo que es y de lo que hace.

La culpa es la emoción que se siente cuando se ha cometido algún acto en el que se ha dañado a alguien o algo, o bien se ha roto algún código moral. También es un sentimiento que se puede sentir, no porque se ha dañado o roto algo, sino ante el temor a ser castigado por haber infringido alguna norma impuesta por terceros.

Ambas emociones se pueden confundir fácilmente, aunque una tenga que ver con el poder ser y otra con el hacer. Yontef dice: *"La sanción por la culpa es el castigo. En términos arquetípicos castigo es mutilación. La sanción por la vergüenza es el abandono, que varía desde el alejamiento de personas significativas al abandono físico o incluso el destierro"* (Yontef, 1995, pág. 461).

Siguiendo con el mismo autor: *"Si una persona actúa según sus impulsos agresivos o sexuales con frecuencia sentirá culpa. Sin embargo nótese que si una persona evita los sentimientos de culpa al no expresarlos, ella misma y los demás la considerarán inadecuada. En este caso, la persona está atrapada en un nexo vergüenza-culpa"*.

Una diferencia entre vergüenza y culpa es, como se puede deducir del párrafo anterior, que la primera se refiere al fracaso de una persona para poder ser, mientras que en la segunda apunta a una falla en el hacer.

Cuando se está dominado por la vergüenza se piensa que hay algo intrínsecamente malo en uno mismo como ser humano; sin embargo, cuando se siente culpa se piensa que se ha hecho algo malo que merece castigarse.

No hay duda de que una persona puede sentir a la vez vergüenza y culpa, es, por ejemplo, como cuando se rompe una norma moral, se puede sentir vergüenza por ser débil y al mismo tiempo sentir culpa por haber hecho algo malo.

Para ahondar un poco más en las diferencias entre ambas podemos decir que las personas que sienten vergüenza se ven a sí mismas como seres que no son capaces de alcanzar en la vida aquello que se han fijado como meta, se ven como personas inútiles y se suelen preocupar por aquello que les falta, por sus deficiencias, no se creen listos o atractivos o buenos o tan interesantes como sus amigos.

Tienen miedo al abandono ya que piensan que por tener tantos defectos nadie podrá quererlos, están como esperando que los demás les abandonen en el momento en que se den cuenta de sus imperfecciones.

Las personas que se sienten culpables se fijan en sus transgresiones: en aquellas normas que rompen, en las heridas que causan a terceras personas o en los daños que producen. Sienten temor al castigo al mismo tiempo que lo esperan, ya que han hecho algo malo por lo que deben pagar un precio, que puede ir desde una leve reprimenda hasta la pena de privación de la libertad.

La *«curación»* de la vergüenza es un proceso que puede resultar largo y doloroso, puesto que requiere de un replanteamiento de nuestro lugar en el mundo, revisar el auto concepto para intentar cambiarlo y lograr de esa manera respetarse a sí mismo y llegar a sentirse orgulloso de ser quien se es. Es más difícil la cura de la culpa puesto que tiene que ver con uno mismo en lugar de con acciones específicas.

Para Flavio Gikovate la culpa es la reacción psíquica más sofisticada. Muchas personas usan esa palabra, pero desconocen su verdadero significado. Considero que la mayoría de los seres humanos nunca llega a experimentar tal sentimiento. Se trata de una operación elaborada que presupone la capacidad de colocarse en el lugar del "otro".

Los egoístas, por ejemplo, no piensan en esa posibilidad y, por consiguiente, no sienten culpa.

Nada impide, sin embargo, que usen la expresión: *"Estoy arrepentido de lo que sucedió"*. No basta con decirlo. Es preciso actuar en concordancia. Debemos guiarnos más por las acciones que por las palabras de las personas.

Cuando me coloco en el lugar del "otro" y percibo que él está sufriendo, siento pena. Si concluyo que ha sido mi comportamiento la causa de un dolor indebido, la pena se transforma en una tristeza profunda.

A esa emoción denominamos *culpa*. Es nuestro mayor freno, un freno interno poderosísimo, que convierte el equivocarse en algo realmente humano.

Imagina la escena. Un muchacho se prepara para dar un puñetazo. En el momento de actuar, se pone en la situación inversa: ve el golpe alcanzando su propio rostro y experimenta el mismo dolor que iba a provocar. Sufre y, al sufrir, el brazo se paraliza… Vivenciar el papel de la víctima frena la acción violenta. En vez de tristeza, el autocontrol propicia alegría.

Desgraciadamente, a veces el bloqueo ocurre incluso cuando tenemos derecho a la defensa y, dejando de reaccionar, pasamos a ser agredidos. Aquí, el freno es un puñal de doble filo y puede perjudicar a las personas más sensibles, capaces de experimentar la verdadera culpa.

Para María Dolores Alarcón la vergüenza es una emoción paradójica, ya que, *por una parte, surge de la necesidad de pertenencia a un grupo social, ya que su función es esconder lo que socialmente puede resultar inaceptable; por otra parte, es por esta misma función de tapar o esconder, por lo que la persona actúa alejándose o retrayéndose, con el fin de no mostrar aquello que piensa que los otros rechazarán o despreciarán.*

Su función es conservar una buena imagen de cara a los demás al tratar de evitar mostrar aquello que la persona, basándose en su aprendizaje social, cree que no gustará.

Por tanto, es una emoción que funciona desde la evitación y que nace de la autoconsciencia. Aquél que no tiene una conciencia del sí mismo desarrollada, no podrá mostrar vergüenza; por ello, se trata de una emoción que no aparece en el ser humano hasta ya alcanzado cierto nivel de desarrollo cognitivo. La autora también diferencia la vergüenza de la culpa: Vergüenza y culpa son dos emociones muy relacionadas; parecidas, aunque de orígenes distintos.

Como he comentado anteriormente, la vergüenza está relacionada con la propia valía de uno mismo como persona, así se trata de una valoración personal del sí mismo; la culpa, por otra parte, implica juicios aprendidos respecto a actos específicos.

La culpa tiene que ver directamente con el otro; la vergüenza tiene que ver con el análisis del sí mismo y de acciones que no necesariamente implican el daño al otro, sino de cualidades personales que se perciben como aceptables o no, aunque estas cualidades no impliquen ningún daño o perjuicio para los demás.

¿SABES TU NÚMERO DE LICENCIA?

La pregunta me provocó de forma inmediata miedo, vergüenza, culpa y ganas de salir corriendo. En el momento en que Candyce me preguntaba si había olvidado mi número de licencia, cayó sobre mí ese pesado sentimiento de estar siendo deshonesta por no tener una licencia como psicoterapeuta para ejercer en los Estados Unidos.

Era el primer día de un taller intensivo de tres días, en los que estudiaríamos el apego, la vergüenza y culpa, y cómo esto afecta no solo nuestras vidas, sino nuestra relación con los clientes. Éramos un selecto grupo de 16 psicoterapeutas y trabajadores sociales, bajo la dirección de David Wallin, psicólogo clínico y autor del libro "El apego en psicoterapia".

Esa noche volví a mi casa cansada de esta situación: ¿Por qué tenía que sentirme así si había ayudado a cientos y cientos de personas desde mi incursión en un camino que no elegí, sino al que la vida me fue llamando?

El segundo día fue un día intenso, abrumador y luminoso para mí. Después de escuchar la presentación de David Wallin sobre el impacto en nuestra vida de los sentimientos de culpa y vergüenza, lo único que quería era salir corriendo de aquel lugar.

No sin antes, haber invocado al Espíritu Santo para que me iluminará, para que me diera la capacidad de tener el coraje de finalmente de una vez por todas revelar lo que me pasaba a ese grupo de colegas.

Había conocido a un trabajador social con quien tuve una conexión inmediata, su nombre era John. Con él hice el primer ejercicio sobre mi primera figura de apego: mi papá.

Después del ejercicio nos miramos tiernamente y esto nos unió de forma especial a partir de ese viernes.

El sábado, en el horario del almuerzo, yo me encontraba muy conmovida y con las lágrimas todavía brotando de mis ojos, John me acompañaba y me preguntaba: *"¿Estás bien?"*. A lo que respondí en voz baja y sollozante: *"Sólo quiero salir corriendo de aquí"*.

De repente, una joven y bella mujer, de cabello muy negro y brillante, con unos ojos saltarines y brillantes como los de las estrellas de la Constelación Capricornio se acercó y me dijo:

"Te he visto llorar, quisiera saber si quieres que haga una oración por ti".

Me quede pasmada. Creo que John también, aunque guardaba silencio.

Todos mis compañeros venían saliendo del salón donde estábamos reunidos y no pude evitar pensar: *"¿Qué van a decir?"*

En ese momento sentí que alguien a mi lado me apoyaba: esa persona era John y le dije a la bella joven de cabello oscuro que *sí*. Incliné mi rostro hacia abajo, mientras John apoyaba su mano en mi hombro y aquella joven rezó. Pidió e invocó al Espíritu Santo, que cualquiera fuera la pena que yo estuviera pasando me diera paz.

En ese momento supe que Dios había enviado a un ángel a consolarme y que Dios, mucho más que cualquier teoría psicológica, sabía lo que yo estaba pasando y que de forma urgente necesitaba asistencia en mi crisis.

Le agradecí a aquella mujer y ambos caminamos hacia destinos diferentes.

Ambos, tanto John como yo, estábamos asombrados. Sabíamos que habíamos sido protagonistas del auxilio de Dios a mi psiquis, a mi corazón y a mi alma.

Mi sistema nervioso empezó a regularse y conté mi historia al doctor Wallin, quien por voluntad de Dios se había sentado casi a la par mía. John me apoyaba con esto y el doctor decía: *"¡No es esto extraordinario!"*.

Pero la misericordia de Dios no terminaba ahí. En un momento de nuestra reunión de la tarde y cuando hacíamos trabajo grupal, fijé mis ojos en una caja de Kleenex que ocupaba el centro del círculo en el que estábamos todos congregados y dije:

"No me gusta esa caja de Kleenex ahí en el centro".

Todos abrieron sus bocas en una sonora carcajada. Seguí con la mirada fija en la caja y expresé: *"Esa caja ahí me molesta muchísimo".*

Entonces todos guardaron silencio, era como ser testigo de lo que pasa cuando entra el amor y escucha.

De repente expliqué: *"esa caja de Kleenex en el centro soy yo y todos ustedes todos mis compañeros de primaria rodeándome. Uno de ellos porta un llavero en su mano con la que hace un movimiento que pega contra la parte alta de mi cabeza, me llama tonta y ladrona. Me llaman ladrona, ladrona, ladrona. Ese niño era Gerardo, uno de los más inteligentes de mi grado pero muy cruel".*

Creo que fue en ese momento el día que conocí la culpa y la vergüenza. Y fue en este momento, con estos compañeros, el día en que estos sentimientos salieron de mi vida liberándome de forma igual al Jesús de las parábolas.

Conté todo lo que sentía por ser una psicoterapeuta sin licencia para ejercer en los Estados Unidos. Me escuchaban y yo sentía una gran empatía, un gran asombro, una gran admiración que iba inundando aquel cuarto.

Entonces mi mentora Candyce irrumpió y dijo: *"Sheila está en nuestro grupo de estudio. Sus participaciones siempre son muy iluminadoras".*

Luego se dirigió a mí y me dijo: *"Sheila, yo te conozco. He visto cómo te preocupas y hablas sobre tus clientes".*

Al terminar su frase a continuación siguió una suave ola de impresiones de los otros compañeros y su admiración por mi acto de coraje. Mi sistema nervioso se regulaba y relajaba.

Al terminar la jornada, el Dr. Wallis se me acercó y me dijo que el siguiente día lo podía entrevistar para mi canal de YouTube a las 8:20 de la mañana.

Esto para mí fue muy significativo, pues yo le había pedido al Doctor que me concediera una entrevista para mi canal de YouTube, él había dicho que sí y que posiblemente sería en noviembre ya que es cuando el regresaría a Austin. Yo estaba agradecida, asombrada y sobre todo conmovida ante la experiencia de experimentar todo lo que se puede provocar en otros cuando se habla con la verdad, cuando en medio de mucho miedo y vergüenza, uno decide saltar al vacío, arriesgarse no importando lo que vaya a pasar.

Al escribir estas líneas ya estoy haciendo planes para moverme a mi nueva oficina en la ciudad de Austin, muy cerca de la famosa y prestigiosa Universidad de Texas. Una de mis colegas en este taller, la doctora en psicología Patricia Ruth Stuart, me invitó a compartir este espacio con otros tres profesionales. Tal es el poder que tiene ser una persona sincera.

La frase *"la verdad los hará libres"* no ha podido resonar con más claridad y fuerza a partir de esta experiencia.

CAPÍTULO 7

Conocer a Dios

*es saberse **amado**,*
desde una eternidad.

Aprendiendo a confiar

El dolor anida en el cuerpo.

Los malos recuerdos hacen que un hombre se vuelva doliente, miedoso, pasivo, apagado, rebelde, violento, inseguro. El dolor siempre se quedará en el cuerpo, cuerpo que en un momento de luz comprenderá el porqué de su postura, recordará que está así porque de muy niño tenía que caminar hasta tres millas para ir al río y acarrear el agua, pues si no lo hacía le esperaban las violentas palizas de una mamá enojada. Un cuerpo que comprenderá un sobrepeso de 100 libras al recordar, a través de la experiencia terapéutica, el abuso sufrido a los seis años por un hombre mayor, muy mayor.

Sí, el dolor se aloja en el cuerpo, dolor que la llevó a una disociación de las sensaciones del cuerpo y que volvió a sentir en el momento de un angustioso llanto, ante el valor de relatar los castigos de una madre en aquel rancho, que la colgaba de un árbol por horas siendo una niña, tan sólo por haber hecho alguna travesura.

Creo que este capítulo puede convertirse en un libro, al recordar e ir sacando uno a uno del cofre de mis experiencias, aquellas historias escuchadas llenas de sufrimiento que vive la gente…. Que han vivido esos cientos de miles de niños y niñas que provienen de los ranchos.

De esos que provienen de abajo, de los que los ricos y poderosos parecen no ver y menos aún ayudar. Por eso este capítulo va dedicado a esos niños y niñas de rancho que han llorado conmigo, que han vuelto a revivir sus traumas. Y ahora, gracias a esa valentía, han curado sus heridas y viven como personas, se han encontrado y han dejado de sentirse animales o gente de quinta clase, y se sientan como príncipes y princesas en su trono porque a pesar del horror de la infancia y de sus huellas, ahora gobiernan sus vidas.

Hace dos años asistí a un entrenamiento llamado *"Meditando con el cuerpo"*, en las bellísimas montañas de la Sangre de Cristo en el estado de Colorado.

Esa vez no asistí a ese entrenamiento motivada por aprender las últimas técnicas terapéuticas para ayudar a mis clientes de habla hispana sino para poder superar el profundo trauma que me había causado presenciar un ataque fulminante al corazón de mi marido Charles y la forma en la que sucedió. *Ésta es la primera vez que escribo sobre ello* y lo hago por el enorme beneficio que sé, puede aportar a mucha gente.

Eran aproximadamente las 11:30 de la mañana de un día caluroso del mes de Julio en Austin, Texas. Con un paisaje que en esa época se distingue por sus cielos claros como el más cristalino de los manantiales y una hilera de casas y jardines que parecen brillar por el ambiente que producen las altas temperaturas, Mi esposo, su hijo mayor y su nieta de 5 años éramos muy felices en aquel coche.

Mi esposo manejaba y mi hijastro Garrett, era su copiloto. Recuerdo que platicaban con ese tipo de felicidad con el que se platica cuando te reencuentras con alguien al que no has visto en mucho tiempo. Garrett y Emma, nuestra nieta, habían venido a visitarnos en el verano desde Chicago. Viajábamos todos en la gran camioneta blanca de Charles sobre la autopista I-35. Emma y yo platicábamos y cantábamos.

De repente, en un Segundo, a 60 millas por hora en una carretera llena de automóviles que viajan a la misma velocidad, todo cambio. Toda la alegría paso a ser sorpresa, asombro y pánico. Vi desde el asiento trasero como Charles se desplomaba hacia el lado derecho, donde estaba Garrett, como si fuera una pluma. El carro en ese momento comenzó a bailar, estaba sin control mientras Garrett repetía: *"¡Papá, papá!"*

Estaba perpleja, no podía creer lo que estaban viendo mis ojos. La vida en ese momento me estaba proponiendo la más cruel de las pruebas: traumatizar a una pequeña de cinco años dando rienda suelta a mis emociones, comenzando a gritar y llorar o decidir contenerme y, por esa niña, controlar mi propio dolor. Opté por lo segundo.

Todo transcurrió en cinco o diez segundos, que fueron eternos. Mientras Garrett gritaba **"*¡Dios mío nos vamos a estrellar!*"**

Yo protegía con mi brazo izquierdo a la niña que iba sin cinturón de seguridad, pues precisamente íbamos hacia la tienda a comprar un asiento para ella.

Con la mano derecha y mientras oprimía mi cuerpo lo más cerca de Charles, alcancé a tomarlo por el cuello mientras él convulsionaba y convulsionaba, hasta que sentí como su alma abandonaba su cuerpo y moría. Su lengua salió de su boca y sus ojos quedaron abiertos y en blanco.

Recuerdo el rostro y recuerdo los gritos de Garrett y a Emma llorando y preguntado: *"Abuela, ¿qué le pasa a papa?"*.

Estando muy consciente que si fallaba en la propuesta que me hacía la vida en ese momento, yo traumaría para siempre a esa niña si sencillamente daba rienda suelta a mis emociones, me contenía mientras respiraba profundo, la miré con seguridad y ternura y le repetí: *"El abuelo no se está sintiendo bien y tu papi está pidiendo ayuda, pero tranquila, todo está bien, aquí estoy yo a tu lado. Todo estará bien"*.

Los paramédicos llegaron y sacaron a Charles del carro sin vida. Pasaron 20 interminables minutos. Minutos en los que exclamé*: "¡**Dios, pídeme lo que quieras, su alma no está lista!**"* Y entonces haciendo mi cara hacia un lado de la niña, lloré.

Charles estuvo en coma los siguientes cinco días. Actualmente, el goza de una salud formidable y no recuerda ningún evento transcurrido en los últimos doce años de su vida.

Como el lector comprenderá todo esto me ocasionó un profundo trauma que me llevó a subir muchas libras, a tener noches de insomnio, depresión y llanto descontrolado.

Esta situación de tanto dolor me invitó a re-plantear mi vida: ¿quién era yo? ¿Para qué había nacido? ¿Qué era lo que en verdad había venido hacer al mundo? ¿A qué cosas tenía que renunciar? ¿Cómo quería vivir los próximos cinco o diez años de mi vida? *¿Qué esperaba Dios de mí?*

Este trauma más todos aquellos vividos de niña, hacían de mí una mujer doliente en un cuerpo doliente.

El encuentro con Dios, descubrirlo como Padre, transformó radicalmente mi vida, mi relación conmigo misma y con mi cuerpo sabiendo ahora que estamos llamados a ser santos, *"templos de Dios"*.

En este camino espiritual, de búsqueda incesante, puedo decir que ya me amaba, y puedo decir que ahora me amo incondicionalmente y soy feliz, inmensamente feliz de saber que *"soy Sheila"… única, hija de Dios, irrepetible y nacida para un fin único.*

SÉ UN ESPEJO DE DIOS

Hace algún tiempo encontré una joven muy nerviosa en un grupo católico. Me llamó la atención porque miraba con inquietud hacia los lados. Pero cuando hablaba todo cambiaba. Iluminaba el lugar con sus palabras. Inmediatamente notabas que era muy inteligente y poseía muchos talentos. Conversé un rato con ella y de pronto, su mirada se entristece y me dice algo sorprendente: *"Valgo poco"*. No comprendí esta afirmación nacida de una persona como ella y continuó con tristeza, como castigándose: *"A los ojos de Dios soy poca cosa"*.

"Dios no hace pocas cosas", le respondí. *"Todo lo hace perfecto. Y nosotros, su creación, somos quienes arrancamos sus sonrisas, le damos ilusiones... Nadie es poca cosa. Somos todos hijo del Dios altísimo"*.

No puedes amar lo que no conoces. Sería un amor pobre e incompleto. Por tanto, debes conocerte para amarte e igual, debes conocer a Dios para amarlo.

El aforismo griego conócete a ti mismo, (en latín *Gnosce te ipsum)* y que se atribuye a diferentes sabios griegos no era tan incierto después de todo. Tiene su fundamento en la lógica de conocer tus fortalezas y debilidades, en conocerte realmente, para concluir que *eres una creación de Dios, que todos somos hijos del Altísimo y por tanto hermanos.*

Una vez leí una historia sobre los campesinos que caminan de noche por las montañas en algunos países. Lo hacen siempre en **luna llena,** para ir iluminados y no perderse.

La luna en sí misma no tiene luz propia y aun así nos ilumina en las noches claras. La luna refleja la luz del sol, esto lo sabemos ahora.

Nos toca a nosotros hacer algo parecido, reflejar el amor de Dios e iluminar las vidas de los demás. No con luz propia, sino con la suya.

Si supiéramos cuánto nos ama el Padre, nuestras vidas cambiarían para siempre. Todo lo malo que nos ocurre, perdería importancia, al lado de un amor infinito, insondable, eterno.

No en vano el Primer mandamiento es: **"Amarás al Señor tu Dios con todo tu corazón, con toda tu alma, con todas tus fuerzas".** *(Deuteronomio 6, 5)*

Esto es algo que los santos de la Iglesia Católica descubrieron. Amar a Dios es fundamental. No puedes más que amarlo y enternecerte cuando llegas a conocerlo.

En medio de las grandes pruebas, el dolor, las persecuciones, la indiferencia, la injusticia... en medio de todo lo malo que pudiera ocurrirnos, está Dios pendiente de nosotros. Animándonos, dándonos las fuerzas y las gracias que necesitamos.

¿Nunca has sentido algo especial, como una alegría que de pronto te inunda el alma? Es Dios que pasa y se hace presente en tu vida y te dice. *"Eres especial para mí y te amo".*

Él nunca nos abandona. De alguna forma está con nosotros siempre. Por algo san Pablo dijo: **"... en él vivimos, nos movemos y existimos."** (Hechos 17, 28)

Para mí estas palabras siguen siendo un misterio. Pero sé que es una realidad.

Es como el padre bueno que siempre va detrás de su hijo, cuando empieza a dar los primeros pasos, sin que éste note a su papá que ilusionado camina a sus espaldas, cuidando cada paso que da. Dios es un padre bueno, y siempre vela por ti.

Nos toca a nosotros ser como aquellos santos en los que se reflejaba la imagen misericordiosa de Dios.

No puedes dar lo que no tienes.

Primero llénate de Dios.

¿Cómo hacerlo?

Es muy sencillo. No hay que inventar nada nuevo. *A Dios se le ama conociéndolo,* experimentándolo. Debes tener la experiencia de Dios.

Sé de personas que toda su vida fueron profundamente infelices, hasta que un día se decidieron por el camino que lleva a Dios y todo cambió para ellas.

Una vez le pregunté a un grupo de Católicos practicantes, qué era lo que más les gustaba de su fe. Recibí cientos de respuestas, cada una mejor que la otra. Algunas muy profundas, teológicas, filosóficas, sentimentales...

Algunas de las respuestas eran muy sinceras: *"Bendecida y feliz por mi fe". "Siento que Dios me sostiene en medio de las pruebas".*

Pero una, en particular, llamó mi atención. Era diferente y provenía de una persona que notabas alegre, sincera, honesta, con el alma pura.

"Nunca me he sentido sola", respondió.

Qué belleza... En un mundo donde las personas se sienten desamparadas y solas, nuestra fe nos permite tener esa certeza que **Dios va con nosotros**, que no estamos solos, que el camino de la vida puede convertirse en una gran aventura y que **vale la pena vivir.**

Sé feliz aunque todos te digan lo contrario.

* * *

Rezo por ti, para que descubras ese amor, que *sana y libera*, y llegues a comprender lo especial que eres para Dios.

TUS PRIMEROS ESPEJOS

impresiones, reacciones, actuar

¿Sabías que tu alma al nacer es ingenua?

La gran filósofa alemana Edith Stein, judía y quién se convirtiera siendo adulta al catolicismo (llegando a ser conocida como Santa Teresa Benedicta de la Cruz) nos dice que al nacer somos **un alma ingenua natural**, es decir, esa es nuestra naturaleza: **la ingenuidad.** Por lo que al nacer, no sabemos nada y no somos conscientes del sentimiento del amor.

De bebés, según esta santa y filósofa, vivimos de acuerdo a impresiones y reacciones.

¿Qué quiere decir esto? Que nuestra alma, y no sólo nuestro ser psicológico y nuestro cuerpo, naturalmente pasivo al nacer, recibe sus impresiones desde afuera y reacciona o no reacciona.

Se va despertando al amor o empieza a vivir con una forma de letargo al no haber sentido las impresiones propias que le permitirán conocer la potencialidad de su naturaleza. Por ello de bebés no somos libros, no lo somos porque **dependemos de papá o mamá para sobrevivir, para conocer el amor,** para saber lo que significa ser persona y aprender como las personas se relacionan entre ellas.

* * *

El alma siendo bebé, es pasiva.

Por ejemplo, si al momento de ser engendrado y la madre y padre al conocer esta noticia no se alegran, no desean ese hijo y piensan en abortarlo, el alma siente esa impresión y su reacción en el vientre materno es el miedo, el pánico, la angustia.

El alma siente desde el mismo momento en que conoce la reacción de unos padres. En otro sentido si estos padres se enteran que están esperando un bebé y lloran de felicidad, papá toca y da un beso al vientre de mamá, el alma que vive ahí en la más profunda y densa oscuridad, siente el amor con el que es esperada. Esto le da seguridad, paz, y le asegura una personalidad estable. Este bebé recibe ahí la semilla de la autoestima que empezará a brotar en el momento de su nacimiento.

Esto sólo es un ejemplo que te puede dar una idea amplia de lo importante que es la vida en el vientre, el miedo o el amor se experimentan desde que estamos en el vientre.

Pero imagina que ya eres un bebé en los brazos de tu madre o de tu padre. Ahora evoca la personalidad de cada uno de ellos. ¿En qué te pareces a ellos? ¿Qué tipo de espejo han sido para ti? ¿Cómo fuiste impresionada por su amor, falta de amor, conductas, violencia, atención, abandono, presencia o ausencia?

* * *

¿Puedes sentir al pensar en esto, por qué eres cómo eres?

Dentro de los muchos casos que he tenido el privilegio de asistir a lo largo de mis años como sicoterapeuta o coach, los que más me han impresionado son aquellos en los que el alma de estos niños o niñas fue impactada desde su más tierna edad.

María Victoria, *la vamos a llamar así*, me relata que su madre era la menor de 12 hermanos. Su papá era abusivo, alcohólico, violento, golpeador, incapaz de expresar afecto.

La niña creció miedosa, sumisa porque su alma fue impresionada desde la violencia y al desarrollarse como persona toda su vida ha reaccionado con pasividad. Nunca pudo terminar la escuela.

En María Victoria, hay ausencia de amor hacia sí misma. Cuando le pregunto: "¿Qué te dio papá?" Sus ojos se llenan de lágrimas, su mirada baja, muerde sus labios y me dice: "Nada, él siempre estaba ausente". "¿Qué no le perdonas a tu papá?" le pregunto. Me responde: "Los golpes que le veía dar a mi madre y a mis hermanos, su ausencia, su falta de afecto".

Las impresiones que recibimos de niños nos llevan a tomar una postura en el mundo. El mundo, es la fuente de sus impresiones, todo lo que viene del exterior, y *los primeros que nos impresionan en el alma son nuestros padres y lo hacen para el amor o para la ausencia del amor.*

Con María Victoria hay que hacer un tratamiento largo y difícil pues su alma ya ha sido impresionada. Además su ser psicológico se ha llenado de sentimientos, creencias y conductas que no es de la naturaleza humana en su estado genuino, natural.

Esa naturaleza es el amor, porque somos hijos de Dios, quien es Amor, pero ella no lo sabe aún. Una persona podrá descubrir este amor por medio de las impresiones que sus primeros cuidadores le brinden. Un bebé depende de ellos en su totalidad, en sus tres dimensiones: *cuerpo, mente y espíritu.*

Si el alma es impresionada por lo contrario al amor, que es el abandono, la violencia, el maltrato y la negligencia, no podrá desarrollar sus potencialidades: inteligencia y voluntad de forma óptima y se convertirá en una persona pasiva o en una persona agresiva.

¿Te das cuenta queridísimo lector porque todo aquello que se reciba o dejes de recibir en la niñez nos impulsa a vivir a tope o nos deja a la deriva, viendo simplemente pasar la vida?

Si eres un niño o una niña que tal vez no tuvo esta experiencia tan extrema pero que tuvo mensajes mixtos que impresionaron su alma y hay muchas cosas de ti que no comprendes y no te permiten avanzar, es importante que dejes todo esto a un lado y empieces a reflexionar seriamente en tener una vida que incluya una relación con *la gracia*. Porque si bien, tu alma, en su estado natural e ingenuo estaba bajo el dominio de otros, los espejos de tus padres, una vez que eres adulto o que razonas con claridad, puedes tú mismo decidir cómo vas a dejar que los recuerdos malos de la niñez te persigan, o definan tu destino.

Santa Faustina escribió:

"Dios me ha hecho entender que hay una cosa de un valor infinito a sus ojos, y eso es, el amor a Dios; amor, amor y nuevamente amor, y nada puede compararse a un solo acto de amor a Dios".

~~

VALES MUCHO A LOS OJOS DE DIOS

Santa María Eufrasia Pelletier solía decir:
Un alma vale más que un mundo".

La voluntad, que reside en tu alma, una vez reconocida puede ser activada por ti mismo para buscar tu propio bienestar y convertirte a la edad que sea en una persona completa, en un alma vibrante y alegre porque realizaste con absoluta claridad que sólo Dios podría sanar y transformar esas memorias.

¿Por qué puede pasar esto? Por la simple decisión que tomas de no quedarte con lo que es de la tierra: maltratos, abusos, abandonos, carencias afectivas, heridas emocionales y decidir vivir en el cielo.

Edith Stein llamaba a esta acción del alma: *"La elección de vivir desde lo alto permaneciendo en la tierra".*

Somos ciudadanos del cielo, y no estaría mal reconocerlo, de cuando en cuando. Por ello hay recuerdos, heridas, traumas que por más sicoterapia o tratamientos de desarrollo personal, o de técnicas de neurolingüística que podamos recibir, solo rebotaran en nuestro ser, pues estas heridas sólo pueden ser superadas y sanadas por la acción de la gracia, que es un don sobrenatural, la ayuda y fortaleza que nos da Dios para superarlo todo.

Es ahí donde entra la fe. Hay que desearla, pedirla y si se tiene… hay que pedir todos los días a Dios que la aumente.

"… Los apóstoles dijeron al Señor: "Auméntanos la fe." El Señor respondió: "Si ustedes tienen un poco de fe, no más grande que un granito de mostaza, dirán a ese árbol: Arráncate y plántate en el mar, y el árbol les obedecerá". (Lucas 17, 5-6)

La fe transformará tu vida. Podrás confiar plenamente en Dios y tener serenidad y paz.

Tu alma, en este punto ya no será impulsada desde fuera sino desde dentro. Por ello, no cambias, sino que te transformas y yo digo que más bien, conoces por primera vez quién eres al empezar a ser guiada desde arriba, desde lo alto. Por esto, las heridas, los traumas, los malos recuerdos, los abandonos, los abusos, quedan atrás, se borran pues ya no eres liderada desde ellos y desde lo psicológico sino desde arriba y desde dentro (Edith Stein).

La gracia no actúa sobre tu mente, sino que lo que hace es transformar tu corazón, esto es conversión, por ello una conversión que es verdadera no lucha por cambiar conductas, no hace cambios superficiales, lo que pasa es que se transforma toda ella, es como imaginar a un águila arrancarse las plumas, el pico, y las garras para volver a renacer para tener la oportunidad de alargar su vida.

En este caso al águila todo esto le duele, pero ella no sabe, no tiene la inteligencia de saber que esto es necesario para sobrevivir, lo hace por instinto animal, pero tú y yo sí sabemos que dar el paso

hacia la fe implica recordad, mirar, volver a vivir el camino del dolor y no es la mente la que se abre a la gracia, a ese poder superior que viene del cielo, sino que tú y yo decidimos desde nuestra libertad , inteligencia y voluntad abrirle la puerta de nuestro corazón a Dios.

He visto muchos casos de personas que son tocadas por Dios, y cambian de la noche a la mañana. Sus prioridades cambian, sus vidas y sus esperanzas son diferentes. Todo lo ven con sentido sobrenatural. Saben que sus actos trascienden, que son hijos muy amados de Dios, y son importantes para Él.

Dios busca almas puras para morar en ellas. Somos templos del Altísimo.

"... En el corazón puro y humilde mora Dios que es la Luz Misma y todos los sufrimientos y todas las contrariedades existen para que se manifieste la santidad del alma" (Santa Faustina -Diario, 573).

* * *

Estamos hechos para el amor.

Una vez leí que Dios desea que seas santo, porque los santos son infinitamente felices. Viven de la gracia, el abandono en las manos amorosas del Padre, y conocen la providencia y la paz.

Posees un espíritu único e irrepetible, aún y cuando hayas sufrido muchísimo en la infancia, puedes buscar a Dios, puedes decidir tener un proyecto o plan de vida que es el que te ayudará a estar sobre todos esos recuerdos y memorias.

* * *

Comprender que Dios te ama, lo cambia todo.

A estas alturas de tu vida nada hay más importante que buscar la paz interior, la fe, la felicidad, la certeza del Padre. Esto te permite cambiar, perdonar, amar, tener una actitud positiva hacia la vida. Y enfrentar cualquier problema con gran resolución.

* * *

¿Qué haré?

• Buscaré libros de espiritualidad de lo que pueda aprender el camino que debo seguir, lo que Dios me pide.

• La lectura de *"la vida de los santos"* ayuda mucho un alma que empieza a buscar a Dios.

• Me tomaré un tiempo para pensar en Dios y en lo que puede hacer por mí.

• Invocaré su presencia y diré: *"Por favor sáname, ven a mi corazón. Te lo pido humildemente, en el nombre del Padre y del Hijo y del Espíritu Santo. Amén"*.

* * *

Dios ama a los humildes.

Si eres humilde todo será más sencillo.

Recuerdo a menudo la historia de este obrero humilde que de madrugada iba a su trabajo cantando esta bella melodía: *"Sáname Señor Jesús, como sólo sabes Tú"*.

Buscar a Dios es una decisión importante. A veces das el primer paso y Dios, como el padre de la parábola del *hijo pródigo*, sale a tu encuentro.

Me gusta recomendar la confesión sacramental y tener un sacerdote que te ayude como guía en este nuevo camino que estás emprendiendo.

* * *

¿Has oído hablar de las cápsulas del tiempo?

Son cajas de acero inoxidables en los que guardas objetos personales, cartas, monedas, estampilla de la época, un diario, una nota a tu ser futuro, el que serás en unos años… La entierras y la recuperas al cabo del tiempo, para saber cuántas cosas habrán cambiado.

Haremos algo parecido, pero más simple. Escribe una carta para ti mismo imaginando como serás dentro de un año cuando hayas iniciado este cambio en tu vida y caminado de la mano de Dios durante todo este tiempo.

* * *

Reflexiona:

- *¿Qué se transformó en mí?*
- *¿Cuál es mi estado anímico?*
- *¿Qué dice la gente que me ve diferente?*
- *¿Qué veo y siento cuando me veo frente al espejo?*
- *¿Qué le dice mi corazón a Dios desde el agradecimiento?*

Un amigo que lo hizo me comentaba que la pregunta más frecuente que le hacían al verlo diferente, era ésta: "¿Por qué te ves tan feliz?"

Cuando hayas terminado tu carta, colócala dentro de un sobre, escribe tu dirección y envíatela a ti mismo, el año siguiente después de haberla escrito.

Si lo deseas contáctame.

Escríbeme a:

sheilamorataya@yahoo.com

Comparte con nosotros tus impresiones, tus experiencias, tus alegrías. Ellas se convertirán en un libro que seguramente ayudará a muchas personas que en este momento no encuentran una salida a su situación.

~~

"...estuve en el cielo y vi estas inconcebibles bellezas y la felicidad que nos esperan después de la muerte. Vi cómo todas las criaturas incesantemente rinden honor y gloria a Dios; vi lo grande que es la felicidad en Dios que se derrama sobre todas las criaturas, haciéndolas felices; y todo honor y gloria que las hizo felices vuelve a la Fuente y ellas entran en la profundidad de Dios, contemplan la vida interior de Dios, (...). Esta fuente de felicidad es invariable en su esencia, pero siempre nueva, brotando para hacer felices a todas las criaturas".

(Santa Faustina - Diario, 777)

LA ETERNIDAD

Imagínate un lugar al que llegas por primera vez y en el que a partir de hoy continuarás tu vida. Este lugar que has visto no se parece en nada a ninguno de los lugares más bellos del mundo que tal vez has conocido.

"... Como dice la Escritura, anunciamos: lo que ni el ojo vio, ni el oído oyó, ni al corazón del hombre llegó, lo que Dios preparó para los que le aman". (1 Corintios 2, 9)

No se parece en nada a los bellos paisajes de la Toscana en Italia, o al gran mar Mediterráneo.

No es comparable a la geografía o la belleza que aprecias cuando vas a Torreciudad en España o a los más espectaculares rascacielos de Nueva York o Dubai.

La Luz del sol no existe en este lugar porque ahí todo es iluminado con una luz tan fina como la retina del ojo y que es una luz bellísima, con ausencia de sol, es la luz de Dios.

Imagina que ya estás ahí por primera vez y que entras por una puerta de un grosor como el que no has visto jamás.

Estas puertas son de oro, como tú y yo lo conocemos pero en realidad ese material no existe aquí en la tierra. Estás a punto de entrar por esas puertas que se abren en ese momento sólo para ti.

Cruzas y al entrar ahí tienes la experiencia de mirarte en un gran espejo, observas que tu cuerpo se ha transformado, es tu mismo cuerpo de los 27 años pero 5 veces más alto y más presente. Tu ropa también ha cambiado, sólo un finísimo velo te cubre y la belleza que ves en ti te impresiona.

Frente a ese espejo te preguntas: *"¿Dónde estoy?"*
En ese instante vienen hacia ti unas personas radiantes, que no has visto antes y que tienen el nuevo tamaño que tú tienes ahora, todas tienen diferentes tamaños pero conservan la misma grandeza y esplendor que se ve en ti.

Es una belleza única, excepcional. Nunca viste tal belleza en plenitud en la tierra. Entonces uno de ellos te sonríe también de una forma que te hace consumirte de felicidad: *"Estás en el cielo"* te dice. *"Puedes elegir el castillo que desees para vivir eternamente".*

Tus potencialidades han sido transformadas por lo que puedes desplazarte por ti misma hacia dónde quieras, sin limitaciones de ningún tipo.

Puedes empezar ya mismo a conocer los diferentes lugares y puedes elegir en qué área de la humanidad deseas trabajar desde aquí. En los próximos días Cristo y María se reunirán contigo privadamente para otorgarte tu posición dentro del cielo. *"Estamos tan orgullosos de ti",* te dirán.

Vivir en la gracia de Dios, conservar ese estado, amando, creyendo, realizando buenas obras, viviendo en Su presencia amorosa, ***te permitirá llegar.***

APRENDÍ A AMARME
Mirándome en El Espejo de Dios.

"Más todos nosotros, que con el rostro descubierto reflejamos como en un espejo la gloria del Señor, nos vamos transformando en esa misma imagen cada vez más gloriosos: así es como actúa el Señor, que es Espíritu". (2 Corintios 3, 18)

Llegamos casi al final de nuestro libro. Espero que al término del mismo ya hayas reflexionado, llorado, alegrado y tomado decisiones para tu paz mental e interior.

La verdad es que Dios quiere que cada una, tú y yo, nos sintamos bien con nuestra forma de ser, nuestra historia y sobre todo nuestro ser físico, nuestra belleza que es original y única.

¿Has intentado alguna vez mirarte en el espejo de Dios? ¿Cómo es esto Sheila? ¿Qué quieres decir? Quizá te estarás preguntando. Pues bien, es muy fácil, cuando vayas a hablar con Dios en la oración imagínate que estás frente a un espejo, sólo que en lugar de mirarte a ti en su reflejo, trata de mirar a Dios o a Jesús, con el que en ese momento te identifiques más.

Yo no sé si tú serás religiosa como yo, o espiritual. Lo que pasa es que si crees en un Dios y hablas con Él y eres una mujer que tiene fe y cree convincentemente que las cosas van a pasar, tú también eres religiosa/espiritual.

La palabra religión viene del latín *"religare"* que significa *"unión con Dios"*.

Por medio de la oración tú y yo buscamos esa unión con Dios para hacer varias cosas: dar gracias por su misericordia en la vida, dar gracias por un nuevo trabajo, por la abundancia financiera, por mi esposo, por mis hijos, por mi vida. También buscamos esa unión cuando algo nos preocupa, nos inquieta y nos pone nerviosas.

Buscamos esa unión que no es más que hablar con Él para cuando algo nos duele, tal vez nos han dado la noticia de tener un cáncer, perdí un bebé que esperaba, mi hija se ha alejado del camino de la fe, se terminó mi matrimonio, mis amigas me traicionaron... en fin hay tantos motivos por los que buscamos a Dios cuando tenemos una crisis en nuestra vida y si eso hacemos, ¿por qué no buscar a Dios para hablar de nuestra autoestima, de lo mal que me la paso porque no me gusta mi cuerpo, o mi cara, o mi cabello o porque simplemente no me gusta el envase que utilizo para contener mi alma? Porque es verdad que lo espiritual no se ve pues está contenido en el cuerpo que Dios creo para ti, ¿me comprendes queridísima lectora?

Santa Catalina de Siena, una de las mujeres doctoras que se conocen dentro de la Iglesia Católica escribe:

"*En el espejo de Dios la criatura conoce también la*

dignidad y la indignidad propias, es decir miras tu dignidad al descubrir que eres imagen y semejanza de Dios, y que esto lo eres por gracia, no porque Dios te lo debiera, y a la indignidad a la que has llegado por la culpa también la puedes encontrar mirándote en el espejo de Dios".

¿A qué indignidad me refiero?

Que cuando nos miramos en su espejo como Él es el Amor y Perfección también alcanzamos a ver las manchas que podamos tener de manera que mirándose en El Espejo de los espejos es que llegamos a amarnos por menos de la misma manera que Él nos amó.

La que te escribe lo ha comprobado. Lo sabe desde lo más profundo de su corazón. *¿Sabes por qué?* Yo realmente no me miraba bonita, ni me gustaba a mí misma cuando me veía en el espejo.

Siempre tenía una sensación de inconformidad tal que me llevo a convertirme en una estilista, una maquillista y una modelo profesional. Para esto último viaje hasta la ciudad de Los Ángeles, donde estudie durante todo un año en la prestigiosa Barbizon School of Modeling.

Además me convertí en una **asesora de imagen**, aprendiendo a vestirme con aquella ropa que iba mejor a las formas de mi cuerpo y hacía mucho ejercicio, pensaba que si era delgada me vería hermosa.

Buscaba y buscaba espejos en la moda, el maquillaje, los accesorios, las pasarelas, los concursos de belleza pensando que entre más espejos tuviera mejor aprendería a ser hermosa, bella, impactante, un cuerpazo.

¡Qué equivocada estaba!

Durante muchos, muchos años hice esto olvidándome buscar aquel Espejo interior que me había dado mi belleza. Fue tanto lo que descubrí…

Todo te lo contaré en el libro que actualmente escribo ***"Yo soy único e irrepetible"*** y en el que explico mi método para amarte de la misma forma en la que Dios te ha amado.

Así es amiga, puedes mirarte en todos los espejos que quieras pero mientras no te mires en el Espejo de Dios, no te aceptarás, sanarás y amarás la belleza tan original y única que Dios te dio.

Recuerdo que durante casi diez años en los que había asistido a mi parroquia e iba a misa dominical (ya que soy católica) me cautivaba mucho un versículo en la pared debajo de un gran ángel, era Tobías 5:10

"¡Ten confianza!
Dios no tardará en sanarte.
¡Ten confianza!"

Yo clavaba mis ojos en este versículo buscando comprenderlo. *¿Qué quería decir aquella frase? ¿Por qué me llamaba la atención?*

Un día estando en un retiro de silencio, tuve una vivencia extraordinaria, algo que no se ha vuelto a repetir nunca más en mi vida.

La meditación de esa mañana había sido en torno a que cada uno era perfecto como era… y era bueno para el mundo, fundamentalmente bueno para el mundo.

Recuerdo poner la mano para tocar el suelo, en el momento en que esto sucedió me quebré en llanto.

Era un llanto profundo, denso, doliente, iluminador, conmovedor, inolvidable. Me encontraba ahí conmigo.

Me miraba y me repetía:

> *"Es bueno que yo exista, es bueno que yo exista tal y como soy. No tengo que probar nada a nadie, no tengo que ser más inteligente que nadie, no tengo que competir en belleza con nadie, sólo tengo que ser yo y así como soy, un bien para el mundo. Es bueno que yo exista porque por amor Dios me creo y Dios me ama".*

Me quedé en silencio. Experimenté la más profunda de las transformaciones que al momento de escribir estas líneas puedo decir que celebro mi quinto aniversario de venir amándome auténticamente frente al espejo *porque al mirarme en El Espejo de Dios fui sanada.*

Ahora, ¡me encanta ser Sheila! Me gusta ser quien soy. Me gusta mi belleza y mi inteligencia y no me cambiaría por nada ni por nadie.

SHEILA MORATAYA

Queridísima amiga,

persevera,

sé valiente.

¡Ten confianza!

Dios no tardará en sanarte.

¡Ten confianza!

SHEILA MORATAYA

CONTACTE A LA AUTORA

Sheila Morataya *es psicoterapeuta, coach de vida y escritora. Sus artículos en el portal católico* ***Encuentra.com*** *se difunden en más de 88 países de habla hispana.*

Página web   www.sheilamorataya.co

Correo electrónico

        sheilamorataya@yahoo.com

Página en Facebook

        www.facebook.com/SheylaMorataya

LinkedIn

        Sheila Morataya

Instagram

        SheilaMoratayaOficial

Twitter

        SheilaMorataya

Dirección Postal

Sheila Morataya

2508 Donner Path, Round Rock

TX 78681, USA

LIBROS RECOMENDADOS

Descubre tu potencial y logra tus sueños con los libros de **Sheila Morataya**, disponibles en el portal de Amazon.

    El espejo del autoconocimiento

    El corazón divino de tu auto-estima

    Más allá de la auto-estima

    Desata tu creatividad

    El espejo del autoconocimiento

Made in the USA
Charleston, SC
17 October 2016